La réalisation de ce numéro a été confiée à Noëlle Batt

percolations

automne 1998

Publié avec le concours du Centre national du livre

Noëlle Batt

PRÉSENTATION

Faut-il rappeler qu'une *métaphore vive* est toujours fonctionnelle ? Si on la crée, si on l'invente, c'est que pour dire ce que l'on cherche à dire les combinaisons habituelles du discours se révèlent soudain plates, lisses, muettes.

Nécessité fait loi. Déçu par le discours, on retourne à la langue. L'on furète, l'on écarte, et l'on découvre que oui, ce mot de percolation appartenant au paradigme de la physique-chimie et pourvu par métonymie d'un certain arôme pourrait bien, une fois arraché à son champ lexical et sémantique d'origine, décontextualisé et recontextualisé, contribuer à traduire cette pensée soudain conçue que l'on cherche à communiquer avec le plus de clarté et de justesse possibles. Car on a généralement recours à la métaphore quand on veut dire de façon précise ce qui se joue dans le flou, l'entre-deux, le complexe, là où les choses ne sont ni tranchées ni univoques, où tout choix d'un mot usuel est ressenti comme une amputation de la pensée. En fait, à bien y regarder, le trope qui tente de traduire les interférences, intersections, et traversées sémantiques par le biais d'une substitution de signifiant n'est-il pas toujours lui-même opérateur de percolation, machine à percoler ?

La *percolation* dans son acception générale et ancienne [1] implique qu'une substance en traverse une autre et en ressort ni tout à fait la même ni tout à fait une autre. C'est une opération d'intimité, discrète mais avérée. On ne peut la nier. Le résultat se voit. Les qualités de la substance d'arrivée participent à la fois de celles de la substance de départ et de ce qu'elle a traversé. Hybride donc.

Mais le terme a acquis avec Hammersley en 1957 une acception moderne[2] qui vient compléter celle-ci et qui met l'accent sur les conditions de passage d'une substance ou d'une propriété physique ou biologique à travers un milieu hétérogène, ces conditions ayant à voir avec la détermination d'un seuil critique de porosité en-deçà duquel le passage ne se fait pas.

On a pris l'habitude d'imaginer la pensée marchant droit, mais souvent ceux qui pensent disent qu'elle marche plutôt latéralement ; du moins pour un temps qui a son importance. Et cette progression latérale peut être l'occasion d'une ou plusieurs percolations.

Depuis une vingtaine d'années, les échanges entre disciplines se multiplient, s'intensifient. Le structuralisme tant décrié aujourd'hui n'y est pas pour rien. En France en tout cas, dans les années soixante et soixante-dix, il a fortement contribué à fédérer, dans un même volume ou dans un même colloque, des disciplines différentes. Les formalistes russes, parrains revendiqués de certaines de ces « interdisciplinarités », comme on disait alors, avaient montré le chemin.

Aujourd'hui, l'aventure commencée au sein des seules sciences humaines a progressivement contaminé d'autres sciences ; c'est ainsi que Francisco Varela pouvait en 1989 définir les sciences et technologies de la cognition comme une « fédération » de disciplines, regroupant neurosciences, intelligence artificielle, linguistique, épistémologie et psychologie cognitive.

C'est cette exploration des passages entre disciplines (théories et pratiques), ce voyage des concepts et des démarches *nomades* (Stengers, 1987) entamés depuis plusieurs années par notre centre de recherche que nous poursuivons aujourd'hui avec ce numéro.

Si nous avons demandé à Robert Maggiori de nous autoriser à reproduire le très bel entretien avec Deleuze et Guattari réalisé en 1991, c'est que ces deux auteurs dont nous admirons le travail y abordent un type particulier de percolation, celle qui se joue dans la pensée à deux, dans l'écriture à deux.

Alain Badiou nous avait promis une réflexion qui devait s'appeler « L'interférence des écritures » et voici qu'il nous propose : « On ne passe pas ». L'expérience subjective de Badiou est qu'entre les langues convoquées pour écrire la philosophie, le roman ou le théâtre, il n'y a point de traversée. En revanche, c'est à un « nouage » de l'art et de la philosophie que nous convie son *Petit Manuel d'Inesthétique* récemment publié.

Clayton Eshleman, poète américain, nous livre des « Notes sur Bacon au Centre Pompidou » et nous voyons, dans une prose poétique, les mots lutter, perdre et reprendre forme, se tordre et vriller pour dire l'impact sur le poète des violences et des dissolutions opérées par le peintre.

Charles Molesworth, aborde la question de la « porosité » des cadres de référence cognitifs et tous les types de percolation qu'elle entraîne puisqu'il s'agit, à partir de l'idée qu'il peut y avoir des styles de lecture et d'interprétation comme il y a des styles d'écriture et de création, d'analyser toutes les prises qu'ils peuvent avoir les uns sur les autres, d'un mode artistique à un autre à l'intérieur d'une même période, ou d'une période à une autre pour le même mode artistique.

C'est aussi sur les rapports entre peinture et écriture que réfléchit Éric Méchoulan à partir de Platon, Barthes, du peintre Bernard Réquichot et de Walter Benjamin en convoquant une notion paradoxale : la *vitesse de l'image fixe* qui se laisse saisir comme dialectique à restituer, sens à déplier, conduisant vers une autre forme de temporalité.

Se situant dans l'entre-deux de l'œuvre de Deleuze et Guattari et de celle du romancier américain Thomas Pynchon, Claire Larsonneur fait percoler les notions introduites par Deleuze et Guattari et les figures fictionnelles de Pynchon dans *Gravity's Rainbow*, pour « lever » une nouvelle stratégie de construction du sens : un glissement rhizomatique qui, en empruntant la figure du double impossible et en lui créant sans cesse de nouveaux équivalents, élabore sans représenter, enclenche le sens sans l'arrêter.

Hermes Salceda se propose de briser l'isolement de *Nouvelles Impressions d'Afrique* dans l'œuvre de Raymond Roussel et de rétablir la continuité entre ce texte en vers et le roman *Impressions d'Afrique*. Pour ce faire, il montre la parenté entre les mécanismes générateurs du procédé à l'œuvre dans les textes en prose et celui de la rime dans les textes en vers ; il attire l'attention sur la relativité des frontières entre prose et poésie, sur la façon dont la rime et le procédé se nourrissent l'un de l'autre (l'abandon du vers pour le procédé ne suppose pas l'abandon de la rime). Il s'interroge sur le sens que l'on peut prêter à un tel nomadisme, sur les effets engendrés au plan thématique, et sur les raisons qui ont poussé Roussel à retourner à la poésie après un si long détour par la prose.

Andrew Eastman, étudie la traversée singulière opérée par Zukofsky entre poésie, citation et traduction dans son poème d'une vie *"A"* (1928-1974). Le texte étranger en traduction (Lucrèce, Milton et surtout ici Aristote avec *Des Parties des animaux* dans une traduction anglaise du

XIXe siècle) est repris, réécrit, travaillé avec, par et dans le vers de Zukofsky. Eastman montre, dans une analyse détaillée, comment cette transmutation d'un texte dans un autre, fonde la production de subjectivité dans le texte de Zukofsky, comment elle constitue aussi une poétique du texte cité.

Invités à débattre avec le comité de rédaction de la revue des points de vue respectifs de l'art et de la science sur la question de la connaissance, les physiciens Jean-Marc Lévy-Leblond et Jorge Wagensberg se sont exprimés sur des questions variées touchant à l'objet et aux modalités de la connaissance artistique et scientifique – communicabilité des complexités inintelligibles, abstraction et figuration, modélisation et simulation –, sur la pulsion de connaissance et sur la différence entre les implications sociales de la connaissance artistique et de la connaissance scientifique.

Certains des points abordés au cours du débat par Jorge Wagensberg – par exemple l'idée que l'on pourrait définir trois modalités de la connaissance (scientifique, artistique, révélée), sont ensuite repris et précisés dans la traduction inédite de quelques pages de son dernier livre : *Ideas para la imaginación impura. 53 Reflexiones en su propia substancia* (« Idées pour une imagination impure. 53 réflexions dans leur substance-même »).

Rien n'exclut évidemment de faire aussi percoler les articles de ce numéro. La problématique du double impossible qui enclenche un mode de discours proliférant développée, par Claire Larsonneur à partir de Deleuze et à propos de Pynchon, pourrait bien valoir aussi pour certains des processus d'écriture de Roussel.

Mais c'est au lecteur qu'il appartient maintenant de jouer.

Notes

1. *Percolation* (1903, de percolateur, 1856) : « Circulation d'un fluide à travers une substance, sous l'effet de la pression. PHYS. : transformation structurelle d'un mélange lorsque la proportion de l'un des constituants atteint un seuil critique. » ou *Lixiviation* (1699) : « Extraction d'un composé soluble à partir d'un produit pulvérisé, par des opérations de lavage et de percolation. » (*Le Nouveau Petit Robert*)
2. « La percolation est un problème de communication qui se pose dans un milieu étendu dans lequel sont distribués régulièrement un grand nombre de "sites" susceptibles de relayer localement une information. Ceux-ci

communiquent entre eux par des liens dont l'efficacité est aléatoire. Suivant que la proportion des liaisons actives est ou non supérieure à une valeur seuil, il existe ou non une possibilité de transmettre l'information à grande distance. » (*Encyclopaedia universalis*, vol. 17, 1996, p. 838)

Références bibliographiques

STENGERS, Isabelle (ed.)
1987 *D'une Science à l'autre. Des Concepts nomades*, Paris, Les Éditions du Seuil.

VARELA, Francisco
1989 *Connaître les sciences cognitives. Tendances et Perspectives*. Paris, Les Éditions du Seuil.

Gilles Deleuze et Félix Guattari

PENSER À DEUX, ÉCRIRE À DEUX

(un entretien réalisé par Robert Maggiori) [1]

Ils ont peu d'amis communs. En dehors de leurs séances de travail, ils se voient rarement. Lorsque l'un écrit seul un livre, il n'en parle pas à l'autre… L'un est philosophe, l'autre psychanalyste. L'un est né en 1925 et l'autre est de cinq ans son cadet. Ils ont signé à quatre mains *l'Anti-Œdipe*, qui les rendit célèbres, puis *Kafka, pour une littérature mineure*, *Rhizome* et *Mille Plateaux*. Et, aujourd'hui, *Qu'est-ce que la philosophie ?* Dans ce livre court un étrange « personnage conceptuel » : celui de l'*ami*, né en Grèce en même temps que la philosophie. Amis, Gilles Deleuze et Félix Guattari le sont assurément. Mais d'une manière telle qu'elle explique leurs productions théoriques communes et rend compréhensible le fait qu'une œuvre philosophique, fait rarissime, puisse être « cosignée ».

Gilles Deleuze et Félix Guattari se sont connus en 1968. « *Quand j'ai rencontré Félix,* nous dit Deleuze, *j'avais fait de l'histoire de la philosophie, de la critique littéraire et deux livres de philosophie,* Logique du sens *et* Différence et Répétition. *Ma rencontre avec Félix s'est faite sur les questions de psychanalyse et d'inconscient. Félix m'a apporté une sorte de champ nouveau, m'a fait découvrir un domaine nouveau, même si j'avais parlé de la psychanalyse avant et que c'était cela qui l'intéressait chez moi. Notre travail commun s'est fait surtout entre 1970 et 1980. Puis il y a eu un arrêt et chacun de nous s'est remis à écrire tout seul, comme si, provisoirement – ce n'est pas du tout qu'on était moins amis ! – les possibilités de travail étaient épuisées. Elles se sont représentées tout récemment. Il n'y a là aucune recette. le seul critère est que "ça" marche. Au début de nos relations, c'est Félix qui est venu me chercher. Moi je ne le connaissais pas. Je crois que ce qui m'a frappé le plus, c'est qu'il ne soit pas philosophe de formation, qu'il prenne donc, vis-à-vis de ces choses, beaucoup de précautions, qu'il soit presque plus philosophe que s'il l'était de formation, et qu'il incarne la philosophie à l'état de créativité.* » Les souvenirs de Guattari sont presque identiques. « *J'avais été très impressionné par la lecture de* Différence et Répétition *et de la* Logique du sens. *Dans ma façon de repenser ce qu'on lui disait, il avait été très frappé par la dissidence très marquée par rapport au lacanisme, qui était déjà dominant, et par ma façon d'aborder les problèmes politiques et sociaux. Il m'a incité à mettre tout cela en forme. Mais la période ne s'y prêtait pas tellement, et moi j'étais loin d'être préparé. Il m'a alors proposé qu'on fasse le travail ensemble. C'est moi qui suis allé le chercher, donc, mais, dans un deuxième temps, c'est lui qui m'a proposé le travail en commun. Ce qu'il m'a apporté depuis le début, c'est une écoute sur des aventures théoriques pour lesquelles j'étais dans une solitude totale, un encouragement à des élaborations théoriques que n'importe quel autre interlocuteur m'eût conseillé d'arrêter ! Ensuite il m'apporte un background philosophique extraordinaire, la machine de travail, la machine de réflexion et d'écriture.* » Une œuvre philosophique se fait-elle « à la machine » ?

C'est que, en réalité, la façon de travailler de Deleuze et Guattari est bien étrange. On ne saura pas grand chose sur la confection proprement dite du manuscrit (« *c'est un secret* », dit Deleuze ; « *par allers et retours, par versions successives : le travail de finition, qui est souvent fait par Gilles* » dit de son côté Guattari). Mais la méthode de travail elle, semble suivre des règles bien précises, qui se sont imposées d'elles-mêmes au cours des années : « *Je crois*, dit Deleuze, *que deux éléments surtout interviennent dans notre travail commun. D'abord des séances orales. Il arrive que nous ayons un problème sur lequel nous sommes vaguement d'accord, mais nous cherchons des solutions capables de le préciser, de le localiser, de le conditionner. Ou bien nous trouvons une solution, mais nous ne savons pas très bien pour quel problème. Nous avons une idée qui semble fonctionner dans un domaine mais nous cherchons d'autres domaines, très différents, qui pourraient prolonger le premier, en varier les conditions, à la faveur d'un tournant. Kleist a tout dit sur ce qui se passe ainsi quand, au lieu d'exposer une idée préexistante, on élabore l'idée en parlant, avec des bégaiements, des ellipses, des contractions, des étirements, des sons inarticulés. Il dit : "Ce n'est pas nous qui savons quelque chose, c'est d'abord un certain état de nous-mêmes…"; il s'agit de se porter à cet état, de se mettre dans cet état, et c'est plus facile à deux. L'autre élément, c'est les versions multiples. Chacun écrit une version sur un thème donné (qui a été précisément dégagé dans les séances orales). Puis il la réécrit en tenant compte de la version de l'autre… Chacun fonctionne comme incrustation ou citation dans le texte de l'autre, mais au bout d'un moment, on ne sait plus qui cite qui. C'est une écriture de variations. Ces procédés à deux ne font que grossir ce qui se passe quand on travaille seul. C'est la même chose de dire : on est toujours tout seul, et : on est toujours plusieurs. On est seul à deux et plusieurs quand on est seul. Toutefois, la condition pour pouvoir effectivement travailler à deux, c'est l'existence d'un fonds commun implicite, inexplicable, qui nous fait rire des mêmes choses, ou nous soucier des mêmes choses, être écœuré ou enthousiasmé par des choses analogues. Ce fonds commun peut animer les conversations les plus insignifiantes, les plus idiotes (elles sont même nécessaires avant les séances orales). Mais il est aussi le fonds d'où sortent les problèmes auxquels nous sommes voués et qui nous hantent comme des ritournelles. Il fait que nous n'avons jamais rien à objecter l'un contre l'autre, mais que chacun doit imposer à l'autre des détours, des bifurcations, des raccourcis, des précipitations et des catatonies. C'est que, seul ou à deux, la pensée est toujours un état loin de l'équilibre.* »

Félix Guattari parle également des rencontres régulières, des séances orales et des textes qu'on fait passer d'une mouture à l'autre. Et il précise : « *Nous sommes très différents l'un de l'autre : si bien que les rythmes d'adoption d'un thème ou d'un concept sont différents. Mais il y a aussi, bien sûr, une complémentarité. Moi, je suis davantage porté à des opérations aventureuses, de "commando conceptuel" disons, d'insertion dans des territoires étrangers. Tandis que Gilles possède des armes lourdes philosophiques, toute une intendance bibliographique. Cela peut créer un décalage de méthode. Mais ce que nous faisons ne fonctionne pas sur la base de débats ou de résolutions de conflits. D'une certaine manière, il n'y a jamais d'opposition. Le problème est de chercher une confrontation, un "accordage"* des *processus. Parfois, l'articulation et la jonction sont immédiates. Mais ce n'est pas toujours le cas. Il arrive qu'on n'articule pas un concept de la même manière ou sur le même terrain. Bien qu'il y ait, naturellement, intersection. Il se peut aussi que la jonction ne se fasse pas ! Chacun garde alors en attente ses formations conceptuelles.* » On le voit : il n'y a rien, là, qui ressemble à une « conversation », à un « échange d'opinions ». Deleuze : « *L'un se tait quand l'autre parle. Ceci n'est pas seulement une loi pour se comprendre, pour s'entendre, mais signifie que l'un se met perpétuellement au service de l'autre. Celui qui se tait est par nature au service de celui qui parle. Il s'agit d'un système d'entraide où celui qui parle a raison du fait même qu'il parle. La question n'est pas de "discuter". Si Félix m'a dit quelque chose, moi je n'ai qu'une fonction : je cherche ce qui peut confirmer une idée aussi bizarre ou folle (et non pas "discutable"). Si je lui disais : au centre de la terre il y a de la confiture de groseilles, son rôle serait de chercher ce qui pourrait donner raison à une pareille idée (si tant est que ce soit une idée !). C'est donc le contraire d'une succession ou d'un échange d'opinions. La question n'est pas de savoir si c'est mon opinion ou la sienne et d'ailleurs jamais une objection ne sera faite. Il n'y aura qu'amélioration.* » Guattari le disait : il s'agit d'un « *accordage* », d'un ajustement. Lorsque l'ajustement se fait, naissent alors tous ces concepts dont l'œuvre de Deleuze et Guattari foisonne. Concepts de père commun ou de pères différents ? « *Aucun de nous*, répond Deleuze, *ne s'attribue une paternité des concepts. Pourtant, j'ai, quant à moi, un fort souvenir de l'introduction de telle ou telle notion – contrairement, sans doute, à Félix, qui est plus oublieux, plus généreux –, même si, ensuite, on la transforme complètement. Par exemple, la "ritournelle", à laquelle maintenant je tiens énormément, est due originellement à Félix. Le "corps sans organes", c'est moi qui l'apporte, en le prenant à Artaud. Mais toutes nos notions sont communes, bien qu'il nous arrive de prendre jusqu'au bout une notion commune dans des sens qui sont propres à chacun* ! » Concepts orphelins, donc, ou nés, eux aussi de la « machine de travail », comme le confirme Guattari : « *Il est très difficile de dire si à tel ou tel moment l'un de nous a été le premier à articuler une formule ; elles passent toutes dans le laminoir ! La* déterritorialisation *par exemple, formule barbare que j'ai articulée, Gilles l'a articulée, lui, avec le concept de Terre qui n'était pas, au départ, dans ma perspective mais du moment qu'elle est mise en commun, elle se trouve refondue.* »

La relation entre Gilles Deleuze et Félix Guattari est assurément une relation *discrète*, si le terme renvoyait à la discrétion, certes, mais aussi à la discontinuité. Ils ne réalisent pas, à tous les deux, une « microsociété d'amis » – qui est aussi une société de rivalité et de compétition –, mais, pour prendre leur langage, une sorte de « *branchement machinique* ». Leur amitié n'est pas de celles qui créent la « *fusion* », l'intimité, la confidence, ou qui fait « *avoir mal à l'épaule de l'autre* », comme le disait Saint François de Sales. Amitié sans rivalité, amitié sans effusion. « *Gilles et moi avons une certaine propension à tutoyer tout le monde. Et pourtant, depuis plus de vingt ans, nous nous vouvoyons. Il y a entre nous une véritable politique dissensuelle, non pas un culte mais une culture de l'hétérogénéité, qui nous fait à chacun reconnaître et accepter la singularité de l'autre. Nous avons fait beaucoup de choses ensemble, et pourtant, c'est paradoxal, j'ai toujours essayé, et il a fait de même, de ne pas interférer, de ne pas faire intrusion dans sa vie ou ses préoccupations. C'est peut-être cela que vous appelez la discrétion. La confection d'une machine de travail implique cette micropolitique du dissensus. Ce n'est pas un maniérisme prétentieux. C'est comme ça. Si on fait quelque chose ensemble, c'est que ça marche et qu'on est portés par quelque chose qui nous dépasse. Gilles est mon ami, non mon copain.* » Voilà sans doute la condition pour que penser à deux ne signifie pas penser la même chose mais « *penser une différence* ». « *Il faudrait*, conclut Deleuze, *parler de la pensée à deux comme les psychiatres au* XIX*e siècle parlaient de folie à deux. Mais ce n'est pas grave.* »

Note

1. Nous remercions Robert Maggiori et le Journal *Libération* de nous avoir autorisés à reproduire cet entretien avec Deleuze et Guattari publié dans *Libération* le 12 septembre 1991.

Alain Badiou

ON NE PASSE PAS

Écrire de la philosophie est ingrat. La plume est serve, de ce que la règle est de dire ce qui déjà fut pensé. Exercice de transmission, d'adresse à l'autre, dont la forme la plus adéquate est la parole vive. Tout philosophe parle, aime parler, même ceux qui font doctrine (mais j'y vois souvent quelque disposition envieuse à l'égard des poètes) de ce que l'écriture seule dépose la pensée dans sa vraie différence. Il arrive que devant un auditoire, la pensée s'avance au-delà de sa préformation, prenne un risque qui fait retour sur l'orateur que subjugue sa propre audace. Mais le cours régulier de l'écriture, au moins pour moi, cherche la clarté, et que les plus étranges conceptions paraissent solidement enchâssées dans l'argumentation. Parfois, pour sceller une page, on s'exerce à la formule, dont on sait que le lecteur se souviendra, mais dont on redoute aussi qu'elle en vienne à résumer misérablement un volume de démonstrations et de constructions conceptuelles. Il est risqué d'écrire « l'enfer, c'est les autres », ou « l'homme est une passion inutile », car c'est à cela qu'on vous réduira. Le jargon, qu'on reproche si souvent aux philosophes (est-il vraiment requis de « sursumer », de savoir ce qu'est la « quiddité », de défendre « la transcendance de l'ego », de définir « l'événementialité évanouissante de l'ultra-un » ?) est en réalité une assurance, un abri. Il exige du lecteur ce sans quoi aucune philosophie ne peut exister : la patience. C'est lentement qu'il faut apprivoiser les concepts, et il est favorable à cette patience que la surface du texte soit rocailleuse, son lexique, celui d'une langue un peu étrangère, qu'il faut apprendre en même temps qu'on lit. Platon appelait cela l'exigence du « long détour ».

Le temps de la philosophie, dont son écriture est la gardienne, exclut toute hâte. Aussi bien l'agencement de cette lenteur est-elle source d'ennui pour qui transmet sa pensée, puisqu'il en maîtrise cela seul qui compte : les résultats. Ennui, au fond, de la didactique. On a beau faire : la philosophie doit s'enseigner, depuis les Grecs elle fonde des écoles, il s'agit de convaincre et de rallier, d'avoir des élèves et des disciples, gens malcommodes et pesants. Les plus aphoristiques des penseurs, même Nietzsche, qui n'aimait que la danse et la vitesse, sont gouvernés par l'ordre des raisons qu'ils inventent. Ils sont contraints d'insister, de redire, de refaire, de reparcourir. Ils philosophent « à coups de marteau », c'est entendu, mais combien de fois faut-il taper pour enfoncer le clou ? L'aphorisme, on le sait, est encore plus monotone que l'argument. Au fond, l'écriture philosophique est un *devoir,* au double sens de ce qui n'échappera jamais complètement au genre de l'exercice, et de ce à quoi l'on s'oblige, pour que ce dont on est convaincu ne reste pas exagérément solitaire.

À l'autre extrémité, comme un repos dont le hasard seul dispose, il y a, pour moi, l'écriture théâtrale. Rien de plus immédiatement *physique*. Il faut imaginer les corps, se laisser traverser par le son des mots, la cadence, la gestuelle supposée. Le rythme emporte tout, et si l'on est dans la comédie, il faut impérieusement se faire rire soi-même avec ce que la plume invente. Rien de plus éloigné du devoir, et je tiens pour significatif d'avoir le plus souvent écrit *sur commande*. Il y a une joyeuse gratuité du théâtre, on se fond d'avance dans ce collectif qui, dans l'ombre, fait corps avec ce qui expose l'écriture dans la sur-visibilité de la scène. Les mots sont ouverts, car ils dépendent de tout autre chose que de leur seule consistance. Ils sont dans des bouches, dans des éclats, dans des ripostes. Vous êtes un duelliste, un mousquetaire des phrases, un paladin des tirades. Rien non plus de didactique, même si Brecht reprend le mot, à des fins toutes matérielles, ou matérialistes. Il ne s'agit pas de constituer des disciples, mais de souder un public, le temps d'un éclair. Il y a un cynisme du théâtre, très opposé (Platon s'en offusque) à la lente probité aporétique de la philosophie. Tous les moyens sont bons, et c'est pourquoi, chez les plus grands (Shakespeare, Molière, etc.) les langues les plus disparates se télescopent. Alors que la philosophie, si rompue soit son apparence, va son train dans l'insistance et la continuité, l'écriture de théâtre, si liée soit son intrigue, doit constamment s'interrompre, changer de registre, passer du coq à l'âne, du pompeux au pompier. Je diffère longtemps de me mettre à un traité de philosophie, et quand il est fini, je le contemple de loin, fatigué, vaguement respectueux de ma propre endurance. S'agissant du théâtre, si le hasard (une idée, un rire, une commande, etc.) me provoque, et s'il fait beau dehors, et si mon cigare est délectable, je me jette sur la page, tout fuse en quelques jours, on essaie la chose sur des acteurs, on reprise, on retaille, on ajoute des lazzis, on collectivise, on en cause tard le soir dans les bars de province. Écriture socialisée, disparate, où j'aime particulièrement me moquer de la philosophie, en mettre en scène le côté Diafoirus et Trissotin, ou la réduire aux rhétoriques captieuses de quelque filou.

La prose romanesque, c'est encore autre chose. Je la trouve épuisante, non selon l'ennui de la « mise au net » philosophique, mais parce que le monde qu'elle invente, et qui, lui, n'a aucune espèce de préexistence, qui est tout entier bâti phrase à phrase, non seulement vous en êtes l'habitant solitaire, mais c'est à une profondeur suspecte, celle de l'enfance, des effrois, des impasses, des rêves, de tout ce qu'il y a eu dans votre existence d'à la fois impérieux et secret, que vous puisez, le voulant, sans le vouloir, pour que, phrase à phrase, il y ait ce monde dont il est impossible de savoir si quelqu'un d'autre acceptera d'en partager le déploiement. En outre, comme le dire commande le dit, que rien n'existe qui ne soit tiré des ratures et des repentirs, qui vous autorise à continuer ? En philosophie, la phrase est commandée par sa légitimité argumentative, destinée à la cohérence, soutenue par le disciple virtuel, qui la répétera, bien ou mal. Au théâtre, par l'efficience scénique, dont le tribunal est public. La légitimité de la phrase romanesque est pour toujours en suspens. Du lecteur solitaire auquel on l'adresse, on ne sait rien, et on exerce sur soi un effort étrange, un peu celui d'une confession dont tout devrait indiquer qu'elle est inutile.

J'aurais envie de dire, quand le démon des classifications analytiques me reprend, que l'écriture philosophique est sous la loi du symbolique : règle, transmission, cohérence, adéquation du dire au dit ; que l'écriture théâtrale est sous la loi du réel : corps, instant, rencontre, contingence de l'autre ; que l'écriture romanesque est sous la loi de l'imaginaire : enfance, désirs informes, gratuité, phantasme du monde.

On pourrait aussi prendre les choses dans des catégories plus linguistiques. En philosophie, c'est la sémantique qui importe. Se tenir le plus près possible d'un partage du sens, lutter contre l'équivoque, varier le motif jusqu'à ce que son noyau, son essence, soient épurés de tout avatar circonstanciel, de toute contamination par le hasard de l'exposition. Dans la prose romanesque, c'est la syntaxe, au sens large : il n'y a rien d'autre que la phrase, ce que sa puissance propre porte et induit. Rien d'autre que la construction, le nouage des éléments, le trajet des composantes. Au théâtre, tout est contextuel, car si fort soit le texte, c'est de ce qui lui advient que dépend l'instant théâtral. Il en résulte que l'attention de l'écrivain s'oriente, dans le temps même de l'écriture, de façon fort différente. Elle est sévère en philosophie, elle supprime, elle se garde des surprises et des tentations. Elle est, pour le roman, à la fois complaisante et tendue. Il faut que monte à la surface de l'imprévisible, mais que le style lui rende justice, qu'il fasse reconnaître ce qui n'existait pas. Elle est tournée vers le dehors dès qu'il s'agit du théâtre, elle anticipe, pour avancer le texte, toutes sortes de choses qui ne sont pas lui. Elle est allègre et distraite.

Qu'un même individu consente à ces attentions hétérogènes, il faudra bien que ce ne soit pas dans le même temps. Pour ce qui me concerne, la philosophie exclut le reste, elle ne peut en être contemporaine. Le théâtre est dans l'instant, il est la joie, qui passe vite. Le roman est interminable, des années, repris, laissé, dans des temps plutôt sombres, ou quand la solitude accepte de se discipliner dans la langue.

De l'une à l'autre des langues, on ne passe pas. C'est, en soi, une expérience pour le philosophe, qui aimerait croire qu'on passe toujours, qu'on passe partout. Mais non. Dans l'ordre des langues, il n'y a pas de passe-partout.

Université Paris VIII

Clayton Eshleman

NOTES ON BACON AT POMPIDOU

B's studio volcanic midden

1935 animal pawing up into a garden – or sensation probing interior decoration

« at the base of a Crucifixion » – the crucifixion itself Europe 1944

the figures larva spawned in camps, in bombing debris

the inhuman as the exhaust of the grotesque

B's roller rink starts up in the 1945 *Figure in a Landscape* – the orange grounds in the 40s (rust fire blood exotica) essentially B's studio. World put in a stained box. The interior decorator working in a slaughterhouse.

B's flesh : plaster-tarred, cream-tinted pink smoke bodies, black ham snowing through debris-littered skin

Eliot's « withered root of knots of hair
    Slitted below and gashed with eyes,
This oval O cropped out with teeth :
    The sickle motion from the thighs »

The bed as a crib sweating with primal abuse

Little white arrows, slits of Eros, direction afloat in marbled smoke

In *Head II* (1949) the lower teeth become a tiny white hand trying to reach palate

B's screaming mouths are mute, frozen, blocked funnels, non-orifices. They appear without heads, as if the body is a toothed sewer that can manifest in any of its members

mouth as manhole, without cover

« The street caved in like a syphilitic's nose »

an ear pulleyed away from its smoke-splashed skull

Executives in tub-like cribs with apple-shaped open mouths, Eden inverts, as if I could sink my teeth into the Pope's solid, mute, apple-shaped scream

Eisenstein at Nurenberg

but Popes don't scream or suffer Jewish genocide – so the Popes are FB in projection, holy sadism pinned to a throne, or uterine bath

painting as slime trail, as the painter's mental excrement

The painter as nebbish in tennis shoes, a clump, or comma parked without sentence

The limits of B's committment : no scene of flagellation, cocksucking –

muted buggery, late *déjeuner sur l'herbe*, or *naked lunch*

1952 *Man in Blue* the darkness of corporational hives disguised as imperial salons

immense bravura, unceasing deconstruction of calligraphic grace

Dog about to vomit into a gutter grate, or is it Hecate before her mirror ?

van Gogh holds his blackened cock and pisses an aster in the bloody surf of B's basin

FB's titles rhyme his figural ambiguity

Muriel Belcher battered Medusa

the archetype of the battered, abused woman, awful and masterly red bulb nose slaughtered clown

Look at B's *Turning Figure* (1962) and think of Rilke's poem « Turning »

the human baboon body barber taffy pole

mammoth bones form the FB roller rink around the base of the right hand panel of the 1962 *Crucifixion*

the strife in de-elegantizing

lure of beauty in remembered sadism

Pope crinoline, deft meringue under a blood-stuccoed shawl, 1965, napalm and phosphorus bombing sensed in the Pope's exploded face

legless Pope on motorized throne moving about an empty department store

the wild boar working through Henrietta Morae's flaccid swollen visage

armpit hair mysteriously kanji

Can you look at this century for an hour without turning away ?

Heard on the Bacon phone : the ongoing party on the Lusitania

Does B study police photos ? He never fully renounces decorative elegance. The man chewing into another (1967 *Sweeney Agonistes*) has vanilla ice cream buttocks

Clayton Eshleman

Isabel R. Muriel B. Henrietta M. B's Artaudesque « daughters of the heart, to be born »

B's male figures often excrete their shadows

penile heads with black plastered-down hair

There's no end to the pulling down of the hunting blind of history

Cubism as organs in tumoric proliferation

Muriel B looking through what she's been through's done to her – calm human eye in mayhem's lather (1966)

Man as a Dionysian junk bond

Polypus of two men in a mirror arched forearm jamming in the anvil

Getting pregnant for the purpose of experiencing still-birth

Hitler as a triskelion boxer revolving along a scarlet beam (in *Triptych in Memory of G. Dyer*, 1971)

The more coherent the more unstable

black umbrella opened by a swastika of male flesh

quilted flesh balanced on one vase leg

1976 *Figure in Motion* : thighed arm jutting up and on, peeled to the rose of its violet flesh, pushing on, charred, an eye opening in its knob

Realism in underwear at the end.

11 July 1996

Charles Molesworth

POSTMODERN AND MODERN LOOKING : TWO COGNITIVE FRAMEWORKS

I.

Most cognitive frameworks are stable but porous. This means they can prevent or retard understanding or interpretation, but it is also possible to "move between them" without completely distorting or betraying the truth each framework brings into focus. The most obvious model of such movement is translation between 'natural' languages. Here there is an assumption that the referential world of objects, actions, and mental entities is stable enough for us to believe that there are different words for the same things. But every school child knows something is lost in translation – the question is, what is that something and how much difference does its loss make ? This question is, surprisingly, even more complicated with frameworks inside a single language. Can a chemist really talk to a biologist ? A natural scientist to a musicologist ? Or even a Marxist to a Lacanian ? In such cases we might need another model besides that of translating between natural languages to help us see just what are the losses and gains that occur when we talk across boundaries of cognitive frameworks.

Two such models suggest themselves. The first is the famous "paradigm shift" of Thomas Kuhn. Here the data and referents have suddenly been reconfigured. The Ptolomean and the Copernican are looking at the same celestial bodies but seeing different systems. However, the Copernican can explain how and why his system accounts for more of the data more coherently ; indeed, he does this so well that no one any longer wants to stay inside the Ptolomean system. This is not a very good model, therefore, since the difficulty in moving between cognitive frameworks comes when the members of each frame are not all willing to abandon together their presuppositions, methods, and values. The Ptolomean continues to have a coherent system available, but virtually every interested observer will prefer the Copernican way of doing things – not only for its greater coherence, but because it consistently helps with later developments, such as rocket science in this case. The Ptolomean becomes a historical curiosity – not a very attractive prospect for an intellectual worker. Translation may be possible, but it is not desirable.

The other model is that offered by Fredric Jameson under the name "transcoding". Here the Lacanian insight, for example, is reconfigured in a Marxist explanation, ideally extending the range of the explanation or adding nuance, or even simply irritating the Marxist by calling attention to an unresolvable problem. But in order for this form of translation to work there must be an interpretive horizon (for Jameson, of course, this is Marxism) which will serve as the measure of whether interpretation or understanding has occurred, to what extent and how successfully. So again, the model doesn't resolve all problems. Here, the difficulty remains that those who would move between the frames must accept a 'master' framework that ultimately determines meaning ; no thoroughly egalitarian acceptance of both frameworks is possible. If this is the case, why not speak and understand everything in the master framework, rather than wasting time and effort with the 'lesser' system ? In short, it is hard to be a pluralist. But it is precisely the felt inability to adopt the terms of any other master language that makes separate systems like Lacanianism spring up in the first place. Translation may be desirable, but it is not possible.

Perhaps less vexing examples of two different frameworks are different styles of art or cultural expression. Can a Romantic talk to a Symbolist ? A Situationist to a Minimalist ? But even here, as I will argue, there are real difficulties. Having abandoned the 'master narratives' of Western culture, as the postmodern theory of Lyotard says, is there any longer a way for one historical epoch to understand another ? Doesn't the "logic" of having an "achieved" style mean refusing to do or understand things in a certain way ? How firm – and how porous – is an artistic style when considered as a cognitive framework ? What follows is some speculation and discussion of these issues, using the "new" art history as the main focus.

II.

Looking at paintings or other kinds of art works remains a great and deep pleasure for many, but not for everyone. People now derive so much stimulus from visual images that museum-going could stand in relation to the totality of our visual experience rather like condiments to daily bread. In looking at contemporary "fine" art in museums and galleries our tastes are revitalized, even challenged and confused, but do we derive real substance – not to mention sustenance – from the activity ? Recently a French intellectual stirred up a bit of a storm by insisting that all contemporary art was superficial, self-indulgent, and totally extraneous to any real intellectual or cultural urgency. His remarks may have applied more in his own country than in America, but in any case no American offered a response.

One response to this situation is to insist that, since art has changed as much since 1950, say, as it did in the preceding 100 years, we cannot or should not expect to be able to use the old ways of seeing when we look at new imagery. The triumph of modernism, not to mention Impressionism, was hard earned. Why should postmodern art fare differently ? Even if we can't agree on what postmodernism means as a term, it seems indisputable to many that we should at least acknowledge that things have changed utterly, or at least enough that we might need fundamentally new approaches if we are to get anywhere when we are inside a museum or gallery.

So much has already been written and claimed (and disavowed) about postmodern and contemporary art that any attempt to put it into some sort of order would be quixotic. But if there is any possibility of working towards clarity in understanding the large and complex set of experiences we have come to call visual culture, then perhaps some reflections on "how to look" and how to comprehend what we see might be in order. (To be sure, the possibility may be more than quixotic ; almost everyday I hear friends or colleagues tell me that the game is no longer worth the candle and they are content to be culturally conservative.) It lies beyond the scope of this essay to do much except mention that there are many ways in which the contemporary is not congruent with the postmodern ; likewise, we have learned to separate modernist works from those that just happen to have been written in the modern era. But it remains important, I think, to try and see the ways in which dominant forms of making and valuing art induce in the audience the need to develop new responses, even new response mechanisms, if that phrase is not too forbidding. It's usually easy to look and much, much harder to see.

The first point I would like to offer is an observation about the way we interpret. There are styles of reading or interpreting just as there are styles of writing. These styles are historically derived and serve many purposes and respond to many pressures. Such overdetermined procedures are difficult to generalize about, but this should not exempt them from critical scrutiny. This scrutiny can take the form of historical recall or logical analysis. The tendency to honor art production and producers by conferring on them the category of a distinctive "style" is itself a fairly late development in the history of Western culture, and it shouldn't prevent us from realizing that every viewer or "consumer" of art and culture is also working with, or inside, a style. We can construe a text or any cultural work with modernist styles, or postmodernist ones. Such differences are not absolute, but their presence in our habits of comprehension must sometimes be taken into account.

It should be clear that I am here talking about something more than (albeit related to) individual temperaments or tastes. To read a modernist text with a postmodern approach, for example, would entail, among other things, a simultaneous softening of the focus on irony and the use of a hermeneutics of suspicion as a way of reintegrating the ironic perspective with a lower level of affect. Such a reading would no more "betray" the meaning of the modern work than many modern works betrayed – by making their own use of – earlier works. Very often the best guide to how to read a work is to look at how some artist desperately trying to solve a problem looked at it. This rule may very well apply to postmodernism.

Just recognizing that our own reading styles are historically formed won't necessarily make us more receptive to new forms of art. But postmodernism banks a great deal on this recognition, and those who reject it usually have little truck with those who embrace it. And there are those who accept it in principle but tend not to act on it or share its burdens and possibilities, especially when talking about some one else's viewing habits. In the spring of 1998 Paris was full of exhibitions of Delacroix, the bicentennial of whose birth was being celebrated. A great deal was said, in ways cogent and convincing, about how he anticipated several later developments ; his watercolors and landscapes were singled out in various instances to demonstrate how he seemed an Impressionist *avant la lettre*. This obviously modernized him. What wasn't explored in all the exposure and reevaluation was how the particular use of different kinds of reproduction – his reliance on lithography and even photographs, as he kept a photographic album of nudes near the end of his career – shaped his visual vocabulary. This would have post-modernized him. But the cost would have been a challenge to the grand narrative of modern painting told from a French perspective. Impressionism continues to be seen as mainly a French affair, but many modern artists have relied on the photograph in various ways – from Manet to Eakins, to name just two who might be interestingly placed inside a dialogue with Delacroix. So the post-modern Delacroix will apparently have to wait his turn.

The second point has to do with the question of how we anchor or ground our interpretive methods. Here I want to put aside for the moment the arguments about foundationalism in criticism and the arts, and simply accept that virtually every serious observer uses some more or less consistent approach (even if it is only a collection of unexamined habitual expectations) in trying to establish what is at stake in the acts of concentrated seeing. This approach generally says that aesthetic experience makes sense in terms of something. In short, there is no such thing as "natural" sight, and so we need to choose, or cobble together, a cultural or intellectual framework to turn looking into seeing.

To my mind there are three ways to do this in art criticism : we can use the artist's life (or character, or psychic profile), usually to tell a story of triumph or purification, especially in regard to matters of style ; second, we can create a phenomenological frame and redescribe the work in ways that make analysis possible, rigorous, and communicable ; and third, we can study the cultural surround as a way of placing the work in a larger discourse or set of discourses (as the commentary on those discourses or as a symptom of them).

Each of these methods has a long and distinguished history, and each contributes a fair share to making up the integrity and intellectual weight of the discipline of art history. Each has to rely in part on other frames of investigation – depth psychology, philosophy, and sociology or history – but this does not necessarily compromise the distinctness of art criticism and art history. When we look at pictures or visit a museum we come up against something like an ineluctable impulse, either to see how the world looks through the eyes of someone else, or to ponder the way in which the world can be rearranged so as to come at us differently from our everyday encounters with it.

Marianne Moore has a poem in which she sees herself as the imaginary possessor of the pictures she is looking at ; this complicates the impulses at work in art spectatorship, an activity that is almost always inflected by our sense of experience-as-an-object, and hence the uncanny feeling that not only can we "have" such an experience, we can also take possession of it as we can with no other ordinary object. Parenthetically, the fortunes of art history in its academic setting makes the entire tangle of questions that much more problematic, though the serious viewing of art borrows from the academic discipline, but supplements it with other concerns and approaches. It should come as no surprise then, if these reflections have any substance, that looking at pictures is serious business – not only does it involve historically derived questions of style and choice, it also constantly seeks to vindicate itself in an intellectual framework.

III.

Now I would suggest connecting these two points in order to form my central claim. What is necessary in "reading" contemporary visual arts is a recognition that the three "traditional" ways of grounding interpretation are still with us (which is to say their historical development continues but has not yet reached a totally new phase), but the self-description of those who practice them has changed. Furthermore, this changed self-description results in large measure from the feeling that traditional methods of interpreting visual art don't sufficiently address what is new in art. One instance of this is the bracing new book on Picasso by Rosalind Krauss, where she uses the three frames I have listed, but uses them in a combination that makes the book read very much like a work of the "new" art history. When she needs to tell us about Picasso's new mistress and the developments that this portended for his painting, she does so – but insists that she is not using the old biographical scheme in the old way. She pursues questions of perspective and representation and in doing so dilates on the phenomenology of vision, but only to pin down a formalist point. (Often she insists on the semiotic character of visual representation, and this is probably what makes her most recognizably a "new" style art historian and critic.) And she begins her book by invoking the historical moment when the world's banking system went off the gold standard, and relates it to the appearance of a novel by André Gide, as a way of introducing her theme of the relation between the genuine and the counterfeit. Much of her self-description is animated by the hermeneutics of suspicion ; after all, there is a pun in the book's title : The Picasso Papers refers not only to works on paper and the use of collage, but also to a set of charges against Picasso, a dossier of crimes in which he is shown to have violated the number one commandment of modernism : thou shalt always pursue a new style to its logical conclusion.

In other words, some of our leading critics still use the artist's life to give their arguments credibility. They can also buttress their analysis with phenomenological description, and can use the new cultural studies in a way that looks like the older socio-historical frameworks have been utterly altered. Much was made in recent years about the "new historicism", which began in literary studies but spread into other fields. By focusing on Shakespeare, this new method at first created a debate since it appeared to be attacking the most canonical of all writers. However, what actually resulted was a canonization of the critical method itself, since what could work to revitalize Shakespeare was taken up with enthusiasm as people began to apply it everywhere.

Eventually, though, when the faddish dust cleared, the new historicism looked quite like the old historicism writ large. Some works were viewed as good under the new dispensation, and others fared much less well. As Murray Krieger argued long ago, questions of methodology and approach are often disguised arguments about canons and values ; they are seldom the scientific or dispassionate enterprise they like to imagine themselves as being. But, lest cynicism prevail, it must be pointed out that approaches do change, and sometimes for the better, in response to boredom, social and political agendas, the individual energies of artists and critics, and a host of other forces. Certainly art history, as well as literary criticism, has undergone something like radical redefinition in the last thirty years or so. But much has stayed the same.

The question then becomes, what is new about the new art history ? I would say that there are two chief changes, and that these changes in effect change everything, at least on the surface. First, there is now an almost complete disavowal of formalist considerations. (Krauss still works as a formalist, but this means that she often reads with a modern style even when talking about postmodern work.) Second, there is a need to take into account the social and historical content of the referent in a way that the old, essentially formalist methods tended to ignore or subordinate. (There is sometimes an air of nominalism about postmodernism, as if only particulars had any interest for us.) In effect this means two things : it is very difficult, and perhaps even misleading, to offer a consistent – or "portable" – method of close reading of single works ; and the critic must supply or uncover as much of the referential dimension of the social and historical material as possible.

In practice this entails what amounts to a virtually total loss of certain interpretive skills, as well as the elevation to prominence of certain works, and kinds of work, that under the older rubrics of critical consideration would seem quite insubstantial, even pointless. Richard Poirier once claimed that the best modernist works contained the clues by which they could be most intelligently read. This may not be true for postmodern art, since it often strikes us as trying to escape interpretation altogether – not by the now-hallowed means of modernist obscurity, but by a frequent resort to methods of repetition, flatness, and delay of affect. These means are as new as they are frustrating.

We can see these new means at work, so to speak, in the basement of the newly opened Musée Maillol in Paris. Installed on the lowest level of the museum is a single work by the Russian artist Ilya Kabakov. The work consists of one room filled with dozens of kitchen utensils suspended from the ceiling and attached to the walls. A sound track in Russian is running constantly (though a printed French translation is supplied) ; it contains the voices of people who lived in the social environment that the installation "recreates". The utensils are all actually taken, we are told by the curatorial staff in a wall text just outside the room, from a communal kitchen, the sort used in Soviet Russia when the housing shortage caused many families to share the very meager cooking and eating spaces available. Visually there is no apparent order to the way the utensils are placed, though the larger one are generally fastened to the wall while the smaller are suspended from wires.

Now this piece is a nearly perfect example of installation art, and I would suggest that such art is in many respects one of the dominant forms of postmodern visual culture, or at least the form that most encourages us to make the distinction between postmodernism and modernism.

Reading the piece (if I can still use that rather old-fashioned word) would of necessity involve knowing that Kabakov was indeed Russian, and that he worked in or under the old Soviet totalitarian society ; it would also include a description of what it is like to engage the piece at the sensory level, beginning with one's approach down a flight of clumsily painted wooden stairs (much different in texture from the stone walls of the building and the lighting system of the rest of the museum, so the "gate" is "strait" from the very beginning) ; and, of course, the sense of a social order under the Russian dictatorship is an essential ingredient in completing any account of the aesthetic of the experience of being inside this "communal kitchen". But notice how the formal questions have been subordinated : we do not ask about, nor are we meant especially to explore, the "structure" of the work in any abstract way ; a certain literalness of presentation has taken over. Citation of previous uses of the "utensil motif", or the way the work recalls a shared sense of spatial order with other works by other artists, seems completely beside the point, though such concerns were dominant in traditional art history.

This is not to dismiss the formal dimension completely, however, since the suspension of the utensils – and their very dailiness – suggests a dream landscape that is both oneiric and yet familiar. Likewise with the historical referentiality of the piece : consider how differently the installation reads now that the Soviet system has collapsed. Yes, the effect of political oppression is still a part of the work, but there is more a sense of pity than the feeling of righteous anger that Kabakov very likely intended. Of course works of art become "dated" at different rates, but here one feels, I think, a qualitative shift in the resonances of the work. The rate of change has itself changed, in part because the postmodern artist does not use abstraction in the same way the modernist artist did. What was likely conceived in sullen anger now seems almost nostalgic.

All this said, it remains to add that the work is eerily effective. Kabakov has high standing as a serious figure in the world of contemporary art, and he is also capable of droll humor. The Stedelijk Museum in Amsterdam recently showed some of his "mathematical series", which employ abstruse sets of permutations to generate a linked group of handmade drawings, some of which were schematic and dry while others relied on social satire and were very funny. I heard no one laugh, however ; perhaps the juxtaposition of tones was too unsettling, and obviously part of the intention. His work is animated by a sensibility that stretches from the knowing satire of his countrymen, Komar and Melamid, to the almost innocent fascination with natural history and classificatory systems in artists such as Mark Dion and Alexis Rockman. Installation art itself frequently challenges the conventional forms of representation, partly by recreating them in some partial or hybrid form so that they neither confirm nor deny the possibility of replacing the standard forms. Michael Fried warned some years ago that contemporary art was drawn to the sense of theater and risked losing the objecthood that made art distinctive. His fears might seem all too realized with installation art. But the spirit of Kabakov's work combines a memorializing impulse with a viciously understated jeremiad (allowing for the oxymoron) attacking the cruel insufficiencies of a system devoted chiefly – if not solely – to its own perpetuation. For a non-Russian speaker, the incomprehensible nature of the spoken testimony only increases the sense that the piece both mocks and pays tribute to the unspeakable [1].

Of course one could argue that what is being offered here is a reading of a single work (regardless of how skeletal that reading is, and it might easily be consistently expanded along the lines laid down). But I would suggest that this reading of a single work is not a postmodern reading, so much as a modern one that keeps running up against its own limits. A more properly postmodern reading of the work would be less insistent on keeping the methodological categories cleanly separated ; it would not particularly matter to a postmodern critic that the three categories are used in a hybrid or even chaotic way ; indeed, the postmodern critic would deliberately employ an unstable mix of approaches, claiming that the work is bound to be distorted by any interpretation that seeks its own coherence. (In fact the first thing a postmodern critic would do is accuse the formulator of the three categories of being blinded by a reductive essentialism.)

Such methodological instability would always militate against assigning any direct emotional or didactic intention to the work, but it would not rule it out altogether, either. Thus, Kabakov's political orientation would be too obvious to bear extended comment ; this might even result in a negative reading of the work as "politically correct" in the sense of safe and insufficiently oppositional. Most importantly it would never seek to hierarchicize the methods, using one or the other to support a "central" reading. This reading would also tend to point out whatever might be missing ; for example, not to mention the social and historical background would disqualify the critical act for most postmodern readers, even as they insisted that such a reading was not the "key" to the work.

My putting it this way makes postmodernism sound like a list of refusals. This results from reading it from the vantage point of my (almost completely unreconstructed) modernism. I can never quite reconcile my own taste and training as a critic with a pervasive sense that postmodernism's main rhetorical gestures are the shrug and the wink. But work like Kabakov's won't let me get away that easily. The more I allow the social and historical references in the work to play on my imagination (and my conscience ?), the less I can rest comfortably with the modern Joycean aesthetic that would have the artist standing "indifferent, like God paring his fingernails." Kabakov isn't settling for such distancing effects or calling history a nightmare from which we are trying to awaken ; rather, he is throwing the very objects of history in our faces, or at least hanging them over our heads like so many Damoclean swords. Then, habitual modernist response number one appears : it isn't really Joyce's aesthetic anyway, it's that of his character, Stephen Daedalus, advanced in an argument with his classmates and signaled by the author as not quite the whole story. Modernism sees through its own impulses to create an aesthetic distance that may be dehumanizing. Still, what would a Joycean fabricator make of Kabakov's room full of utensils ? Would he dismiss it as too literal, too "unmade" ? Or would he applaud its everydayness, especially as it is tied so tentatively to a larger dream world ?

IV.

We might return to Krauss's Picasso for another possibility. If I am right about her book's argument, what it does is to use updated but traditional approaches and recontain them all in an atmosphere that has dispersed throughout it the hermeneutic of suspicion. It is this air of suspicion that makes for the postmodern flavor. Krauss is as far as one can get from regarding Picasso as a Joycean artist. The myth of Picasso as the century's greatest genius is not at all operative for her. Her Picasso is perhaps a bit Daedalean, but only in his rather furious commitment to "working it out". But how temperamental, how flawed, how human, all too human he is ! Not to pity him, though, for in this version he is driven as much by ambition and self-doubt as he is by aesthetic desire. Krauss is almost reminiscent of those high priced defense attorneys who will make any argument, retrieve any piece of evidence, flirt with any juror's demographics, in order to make their case.

If art, in traditionally formalist terms, is best conceived as a very high level of problem solving, then for Krauss the artist had better get busy and keep at it until the problem is solved. Her modernist eye is keen, and her postmodern spirit has an unflinching quality to it. All the skills of close interpretation are at work here, and there is no sense that they are being employed merely to pass the time. The game is for mortal stakes. And this, paradoxically enough, makes Krauss herself rather like Stephen Daedalus.

What we learn to see from her book is not the traditional triumphant stylist riding breakthrough after breakthrough into artistic immortality, but somebody who was making it up as he staggered along, on a trip encumbered by history, nerve-wracking anxiety, and the bitch goddess of success.

So, simply put, the new aesthetic of postmodernism has generated not only new styles and genres of art, but a new way of reading this art. But postmodernism remains especially keen on not elevating the grand old methodological anchors – such as "period style", to choose perhaps the most striking example – to make its readings consistent or uniform. Just as it pollutes or combines styles and genres or formats, so it mixes together different readings. Postmodernism in this sense is the style that dare not speak its name, since it stakes everything on a decentering and a de-hierarchicizing of the once normal lineaments and expectations of style itself. One of these expectations, of course, is that a new or distinctive style will always dictate the way it should be read, largely by providing a change in sensibility. But postmodernism observes this protocol only in the loosest sense – for to read as a postmodernist is to consider and use style as no more than a passing feature. Postmodernism takes with a shrug whatever certainty the critic may propose, but it remains fairly certain that there is always something more to say, if only to contradict or qualify what has already been said. Knowing there is nothing truly new to say says everything, and claims nothing. This recognition exhausts the postmodern spirit, even as it gives it whatever identity we can recognize as distinctly its own. Whether or not a "pure" postmodernism might eventually produce the sort of keenly focused readings that many of us admire in modernism remains a question. Seeing is always a matter of focus, and so, too – modernists would have us believe – is interpretation.

Queens College, CUNY

Note

1. These paragraphs draw on an article, "Installation Art", in *Salmagundi*, Fall, 1998, p. 45-51.

Éric Méchoulan

LA VITESSE DE L'IMAGE FIXE

> Car à mon avis, ce qu'il y a de terrible, Phèdre, c'est la ressemblance qu'entretient l'écriture avec la peinture. De fait, les êtres qu'engendre la peinture se tiennent debout comme s'ils étaient vivants ; mais qu'on les interroge, ils restent figés dans une pose solennelle et gardent le silence. Et il en va de même pour les discours. (Platon, 1989, 275 d.)

Ainsi furent synchronisées, et pour longtemps, écriture et peinture, dans une pose hiératique dont le secret modèle est, manifestement, celui de la statuaire. Ce sont des arts taciturnes qui donnent au silence une vertu aussi illusoire qu'efficace. Ils opposent à la vie incessante du dialogue la fascination morbide pour ce qui ne bouge pas. La fixité de la peinture serait à la mesure de cette immobilité de l'écriture qui ne parvient jamais à répondre quoi que ce soit, sinon sous la forme d'un interminable psittacisme. C'est supposer, évidemment, qu'une image, sous prétexte qu'elle est fixe, doit être, de part en part, immobile. Pour aller contre cette évidence, prenons le cas, exemplaire, de Bernard Réquichot.

Réquichot a inspiré à Roland Barthes (1982, p. 189-214) un essai où, pour être au meilleur de lui-même, il n'en a pas moins produit certaines remarques contestables – mais la contestation ne cherchera qu'à rendre encore un peu plus touffues ses appréciations. Ainsi par exemple d'une des fortes trouvailles de Réquichot, ses dessins de spirales, Barthes souligne la parenté avec l'écriture :

> La spirale a été visiblement pour Réquichot un signe nouveau, à partir duquel il a pu élaborer une nouvelle syntaxe, une nouvelle langue. Cependant cette langue – et en ceci elle est une écriture – est toujours *en train de se faire :* la spirale est certes le signe en soi, mais ce signe a besoin, pour exister, d'un mouvement, qui est celui de la main [...]. Ce qui fait l'écriture, en définitive, ce n'est pas le signe (abstraction analytique), mais, bien plus paradoxalement, *la cursivité du discontinu* [...] l'écriture, c'est la main qui pèse et avance ou traîne, *toujours dans le même sens.* (p. 199-200)

Une écriture n'a pas seulement besoin d'un mouvement, elle requiert aussi, contrairement à ce que semble croire Barthes, une non-linéarité de ce mouvement. La syntaxe n'existerait pas si la spirale se déployait, uniforme, dans le vierge de l'espace. Il lui faut jouer des coudes, se délier ou s'affiner, se replier ou se détendre brusquement comme un ressort longtemps contenu : là se trouve l'imagination des dessins de Réquichot. L'image de la spirale invoque trop facilement la linéarité – simplement animée – de l'histoire : une temporalité inscrite dans un plan (la référence à Vico qu'utilise Barthes en est le thème obligé). Or si la spirale est dialectique, c'est une dialectique du temps, autrement dit des apparences, et non de l'histoire au sens d'un déploiement ; il s'agit d'une dialectique non linéaire. Quand on regarde une œuvre de Réquichot, on voit combien sont significatifs les moments où les spirales s'incurvent, tournent, se rassemblent ou s'accolent, bifurquent, semblent se détourner du mouvement général ou ne l'accompagner que momentanément, par hasard ou par caprice, s'amplifient soudain comme l'œil patient d'un cyclone ou se contractent comme un muscle. Il n'y a jamais *une* spirale qui drainerait avec elle le mouvement du tableau. Il y a écriture parce qu'il y a ensemble. Le mouvement, jamais régulier, de la spirale (le trait est plus ou moins gras, le cercle plus ou moins large, le tracé plus ou moins appuyé – jusqu'à parfois disparaître un instant) dépend aussi des mouvements divers des autres spirales. Réquichot voit bien qu'écriture ou peinture ne vivent que d'être animées, c'est-à-dire mouvementées ; c'est là une trivialité ; mais ce qui l'est moins est de présenter des dessins du mouvement avec le signe même du mouvement, la spirale.

Comment une spirale s'arrête-t-elle ? Soit par resserrement intime de son trait ; soit par ampleur légère se figeant dans sa largeur acquise – parfois pour mieux vomir une seconde spirale qui redémarre alors dans la bouche grande ouverte de la première (lorsque l'emboîtement, régulier, est assez étroit, on a l'impression d'une seule spirale qui, simplement, parfois devient plus ample, et donc se clarifie, puis reprend son cours normal, plus serré et sombre, comme pour les pattes fines et longues aux articulations subitement noueuses de certains échassiers). Arrêter une spirale pose en effet un problème dans la mesure où la spirale paraît vouée à l'infini : pourquoi l'arrêter ici plutôt que là, ou, plus précisément, maintenant plutôt qu'avant ou après ?

Mais Réquichot a trouvé un autre moyen de pallier cette difficulté : puisque la spirale est rien moins que linéaire, il suffit de prolonger son mouvement tournant et de la boucler sur elle-même. Faites un cercle et vous avez une forme. Translatez la main qui forme le cercle, vous obtenez une spirale. Courbez la spirale sur elle-même en un mouvement circulaire, vous matérialisez un tourbillon. Les dessins de Réquichot sont ainsi de deux sortes selon les dominantes : soit juxtaposition ou enchaînement de spirales tourbillonnaires, soit tressage plus ou moins agglutiné, enchevêtré, de spirales parfois courbes, parfois rigides et droites. Les premières offrent un aspect de seins ou d'abîmes, selon la perspective qu'on en a, mais il est bien possible qu'un sein ne soit qu'un abîme retourné, ou l'abîme un sein échappé. Les secondes, d'insectes ou de végétaux.

Bien sûr ce ne sont là qu'analogies. Mais tout l'art de Réquichot est de figurer l'analogique, le saut dans la discontinuité du lexique. C'est pourquoi, à l'instar d'un Bacon par exemple, il échappe à nos habituelles classifications : il n'est ni figuratif (ses toiles ne représentent aucun objet), ni abstrait (on n'arrête pas de voir des choses : « des cristaux, des écorces, des rochers, des algues (...mais) l'analogie n'est pas figuration ») comme il le souligne lui-même (1973, p. 129). Réquichot nous introduit au mouvement même de l'interprétation, il nous fait littéralement voir le changement, non d'aspect, mais d'interprétation (comme aurait dit Wittgenstein à propos de l'expérience bien connue du « canard-lapin » de Jastrow). On peut considérer ses tourbillons, pointés vers le haut, comme des pyramides, ou bien, en les retournant comme des gants, comme des trous vertigineux ou des escaliers sans fond. L'interprétation est un sens que l'on donne, un vecteur, une direction, une décision arrêtant, ou, mieux, *saisissant* la manière d'une translation. La grâce de Réquichot est de provoquer, d'appeler le mouvement de l'interprétation par la figuration, elle-même analogique (le mouvement du mouvement qu'est la spirale, le mouvement du mouvement du mouvement qu'est le tourbillon), du mouvement de l'analogie. Au point de nous provoquer à d'autres analogies pour mieux comprendre ce genre d'opérations, proche, par exemple, de ce que les mathématiciens nomment des « attracteurs étranges », ces figures propres aux systèmes dynamiques non linéaires.

Barthes voit dans cette surnomination exubérante une ex-nomination généralisée, un déportement hors de la classification, du fait même de classifier : « La polysémie forcenée est le premier épisode (initiatique) d'une ascèse : celle qui conduit hors du lexique, hors du sens » (p. 205). Mais c'est aller trop loin ou plutôt trop vite : on peut bien sortir du lexique, jamais du sens. C'est parce que nous sommes toujours dans du sens que nous cherchons ainsi, par les béquilles du lexique, à découvrir le ou, tout au plus, les quelques sens d'une peinture, d'un événement, d'un sourire. Pourtant Barthes lui-même souligne ce fait, sans y prendre garde : « Parce que cela ressemble, non pas à tout, mais *successivement* à quelque chose, cela ne ressemble à rien » (p. 205) – autrement dit Réquichot, ici, ne touche pas à l'au-delà du sens, au tout de sa configuration spatiale, mais au parcours de sa temporalité ; il indique que le sens n'existe que de changer, que de se mouvoir sur les fils enchevêtrés du temps – un peu de la même manière que l'on peut saisir l'instantané de la circulation des fluides qui composent un nuage sous la forme de tourbillons dont seules des fonctions non linéaires peuvent rendre compte. De notre appétit du sens, Réquichot nous fait percevoir l'événement. C'est dire qu'il n'est jamais hors du sens, mais bien plutôt dans le dénué de sens puisqu'il s'agit de l'événement où se signifie la signification, de la grammaire de ce que nous considérons comme un processus de sens. Avec les dessins de spirales, le nom n'est pas exterminé, il est au contraire chaque fois déterminé, chaque fois pleinement lisible, mais chaque fois appelle chaque fois une autre fois. Le sens nous est offert, non comme un résultat, mais comme pétri dans la pâte apparente du temps.

Il en va de même pour ce que Réquichot nomme ses Reliquaires. Il y a là accumulation de déchets (os de poulets, brindilles, fragments d'objets), liés par une sorte de magma coloré, au fond de boîtes ouvertes sur un ou deux côtés. Cela n'a rien du cadre d'une exposition, mais, comme Barthes le perçoit bien, d'un « espace temporel, l'enclos où son corps travaillait, se travaillait : se retranchait, s'ajoutait, s'enroulait, [...] jouissait : la boîte est le reliquaire, non des os de saints ou de poulets, mais des jouissances de Réquichot » (p. 190). La jouissance n'est pourtant pas seulement dans tel ajout, telle incision, tel clouage, mais proprement dans la *durée* qui les réunit : *cursivité du discontinu*. Dans les reliquaires, il n'y a guère que des reliquats : fragments, déchets, restes, tout ce qui est frappé d'une certaine déréliction, d'une éclipse de l'usage ; et ces reliquats deviennent reliques : le fragment vaut pour un tout, le reste se change en supplément, le déchet en plus-value, la déréliction est une vertu, l'éclipse, un bonheur. Or si le déchet est ce qui a déchu de sa fonction d'usage, donc de sa valeur d'échange, il est aussi « ce qui a fait son temps ». Les reliquaires sont les oripeaux du temps précieusement accumulés dans le temps – des sortes de boîtes noires décervelées. Ils agglutinent dans un espace devenu sacré les multiples objets qui ont circulé, qu'on a tournés et retournés, qui ont « roulé leur bosse » comme on dit.

C'est en quoi Réquichot ne peint que son corps *du dedans*, c'est-à-dire « ni des viscères, ni des muscles, mais seulement une machinerie de mouvements répulsifs et jouissifs » remarque Barthes, notant qu'il y a là comme un excès de matérialité, ce que Réquichot appelle le méta-mental : non ce qui se trouverait au-delà du mental, ou en-deçà, mais ce qui « dénie l'opposition théologique du corps et de l'âme : c'est *le corps sans opposition*, et donc, pour ainsi dire, privé de sens "non hors du sens" [1] » (p. 189). Il en va du corps chez Réquichot comme de la forme *a priori* chez Kant : l'opposition classique forme-matière ne vient qu'*après* – et le dire ainsi décille déjà nos yeux à la rigueur du temps. Bien sûr, le travail de l'artiste est toujours un travail sur la matière, mais dans un propos précis :

> [...] il sait que la matière est infailliblement symbolique : en perpétuel déplacement ; sa fonction (sociale) est de dire, de rappeler, d'apprendre à tout le monde que *la matière n'est jamais à sa place* (ni à la place de son origine, ni à celle de son usage) – ce qui est peut-être une façon de suggérer (affirmation essentiellement matérialiste) : qu'il n'y a pas de matière. (p. 203)

La matière, une fois que le premier *clinamen* eut interrompu le flux ordinaire des éléments, apparaît : elle cherche, dans le temps ainsi régulateur, à retrouver sa juste place, son repos abandonné, sa paisible et rectiligne fluence. La matière s'ente et s'égare, perdue, dans la spirale et le tourbillon, dans les vortices de l'imagination.

L'écriture est la manière de donner corps à la matière. En ouvrant le corps à son dedans, c'est le mouvement qui appert. Le nom est une façon de bloquer le mouvement, de faire tourner le sens au ralenti, de le faire prendre dans la gelée de l'usage. Mais dans une œuvre d'art, il en va du nom comme de la matière, il « ne tient pas en place » (p. 208). Dans la nervosité viscérale du nom apparaît alors le rythme. Les spirales de Réquichot ressortissent d'une telle rythmique. Voyez par exemple ce dessin au titre significatif « Le mur des reptiles voluptueux » : dans un coin le paon du temps y fait la roue, comme une exergue à l'enchevêtrement mouvant, dont on ne sait si c'est le mur qui s'écaille par plaques ou si ce sont les serpents qui se lovent voluptueusement les uns dans le profil des autres, qui épousent les replis douceâtres du mur, qui provoquent tout un *adagio* d'écailles, tantôt concentré et âpre, tantôt délié, presque aérien. Les rythmes de la matière s'y entremêlent comme des bribes de tricots soigneusement cousus (ainsi il arrivait à Réquichot de découper des morceaux de ses toiles – trouvant que si un détail nuisait parfois à un tout, un ensemble pouvait aussi bien gâcher certaines parties – et de les coller à d'autres morceaux d'anciens tableaux). Mais il y a une clef musicale (parfois) à tous ces rythmes emboîtés : le titre.

Les lettres illisibles qui forment la dernière œuvre de Réquichot opèrent selon un même mode. L'emportement de la main dans le tracé volubile de la spirale est aussi ce qui les fait se mouvoir. Déjà un des premiers dessins de spirale (septembre 1956) se termine en bas par une ligne d'écriture, et un autre à l'inverse (décembre 1956) comporte une ligne tout en haut comme un titre du tableau. Les écritures illisibles ont d'ailleurs toutes un titre : « Texte de présentation », « Lettre à un marchand de tableau » (la plus longue !), « Lettre à un encadreur », « Lettre de remerciements » et « Lettre d'insultes », « Lettre aux amateurs d'art » et « Conclusion pour une philosophie de l'art » (le plus raturé et repris !). Barthes encore une fois, de par son intuition analytique, voit parfaitement ce qui se joue là, mais, de par ses contraintes théoriques, il ne peut que rabattre et perdre, dans un second temps, tout son gain :

> Testament illisible, les lettres ultimes de Réquichot disent plusieurs choses : d'abord que le sens est toujours contingent, historique, *inventé* […] : rien ne sépare l'écriture (dont on croit qu'elle communique) de la peinture (dont on croit qu'elle exprime) : toutes deux sont faites du même tissu, qui est peut-être tout simplement, comme dans de très modernes cosmogonies : la vitesse […]. Autre chose : ce qui est illisible n'est rien d'autre que *ce qui a été perdu :* écrire, perdre, réécrire, installer le jeu infini du dessous et du dessus, rapprocher le signifiant, en faire un géant, un monstre de présence, diminuer le signifié jusqu'à l'imperceptible, déséquilibrer le message, garder de la mémoire sa forme, non son contenu, accomplir l'impénétrable *définitif*, en un mot mettre toute l'écriture, tout l'art en palimpseste, et que ce palimpseste soit inépuisable, ce qui a été écrit revenant sans cesse dans ce qui s'écrit pour le rendre sur-lisible – c'est-à-dire illisible. (p. 201)

Sur le premier point, aucun problème. Le sens est sans cesse inventé parce qu'il est tissé dans la moire de la vitesse : tel est bien ce que *signifient* les écritures illisibles. Mais Barthes – jusque dans l'accumulation rhétorique qui suit – ralentit considérablement son propos, voire le bloque sur une voie de garage, lorsqu'il veut à tout prix ramener invention et vitesse à un type de nécessité purement linguistique : la thèse de la prééminence du signifiant sur le signifié (j'avais écrit dans un *lapsus calami* : « du singifiant sur le singifié », ce qui ne manque pas d'à propos dans la mesure où le problème est ici celui du mimétique : non *mimesis* d'objets, mais de mouvements, *mimesis* qui s'emporte dans l'emportement de la vitesse – un lapsus est, d'ailleurs, une désynchronisation que le hasard ou la psychanalyse semblent pouvoir resynchroniser). L'illisible n'est pas ce qui a été perdu, mais ce qui se déplace trop rapidement par rapport au lecteur : l'invention du sens s'attache à stabiliser, à synchroniser les déplacements différents. Le palimpseste qu'évoque Barthes n'offre qu'une image statique ou géologique de couches simplement superposées avec le temps des interprétations, alors qu'il y va de rythmes différents dans la course du temps. Les écritures illisibles exemplifient le prestige de la vitesse – en elles, le temps éclôt. Mais elles sont d'autant moins « l'impénétrable *définitif* » que les titres leur construisent un « caractère » et que leurs formes, voire leurs formulations, diverses, orientent de même notre lecture. Il en va de ces écritures comme d'un vieux vin longtemps reposé et que l'on décanterait : elles sont moins ce qui a été perdu que *ce qui reste* – ce sont là encore des déchets, la lie du quotidien, l'élision du trivial, où transparaît, dans le dépôt, le grain du temps. L'écriture est un fébrile fixateur de vitesses – et avec elles naît le sens. Au moins parce que le sens est aussi un vecteur, c'est-à-dire, à l'image du temps, une direction irréversible.

La légitimité est l'ombre prestigieuse de chaque sens. Réquichot, à traquer le sens dans ses échantillons de rapidité, délace les nerfs du légitime au point que toute publicité devient compromise. On sait combien il rechignait à montrer ses œuvres, encore plus à les vendre, mais cela ne provenait pas d'une modestie innée, d'une peur de se livrer, d'un désaveu de son œuvre – tout au contraire. Donner une œuvre au public, c'est la faire lire, lui faire rendre sens et légitimité, par de l'inconnu : être reconnu par de l'inconnu sans jamais pouvoir le connaître. C'est cette perte de contrôle qui inquiète Réquichot autant pour ses œuvres que pour celles des maîtres qu'il contemple :

> Regardant telle peinture d'un maître ancien je me demande souvent si ce que j'aime en elle est vraiment ce qu'il a voulu faire aimer. Si je m'aperçois qu'il y a peu de chances pour qu'il ait voulu ce que j'aime en elle, je m'étonne qu'un grand peintre ait eu si peu de pouvoir sur son œuvre qu'une partie de cette œuvre se soit faite indépendamment de son contrôle.
> Des peintures, j'en ai détruites car elles étaient trop belles. Je craignais d'être victime en les voyant d'une aberration ; cette aberration merveilleuse et troublante me semblait trop grave, trop secrète pour pouvoir être montrée sans impudeur [...]. Je pensais que personne ne verrait dans ces choses que j'avais faites ce que j'y avais trouvé ; qu'on l'y vît, du reste, n'était pas capital, que l'on comprît, qu'on imaginât n'était pas ce qu'il me fallait. Il fallait qu'on fût pris du même vertige, de la même inquiétude d'illusion et même que l'on comprît qu'un regard indiqué était peut-être coupable. [...] Aussi le spectateur le plus proche de moi serait celui dont le regard si profond se demanderait ce qu'il éprouve [...]. Et ceci non par goût de l'angoisse, mais par incapacité de donner autre chose que l'inquiétude. (p. 118 et p. 141-142)

Avec les écritures illisibles, le contrôle est poussé à son régime maximum ; mais nous suivons sur ce chemin cartésiennement coordonné, le mouvement plein de désarroi de la légitimité. Le vertige que voudrait transmettre Réquichot est un court-circuit dont la nuit qu'il procure ouvre le paysage urbain à la nécessité d'une dépense vitale. L'inquiétude n'est pas l'angoisse (elle en serait peut-être le flash-back), elle est ce qui ne tient pas en place, ce qui offre seulement le mouvement pour stabilité illusoire. Tout jugement de goût est l'exercice d'une demande, qu'elle aille vers l'œuvre ou vers soi-même, qu'elle soit mue ou motrice, cette demande est toujours l'épreuve de la légitimité. Si les œuvres d'art ont ce pouvoir de dégager l'événement du sens de l'événement du temps, la mise en valeur de la mise déposée sur le tapis du réel, c'est qu'elles se donnent comme privées du temps empirique et du sens de l'usage, comme dépourvues de valeur référentielle. Une œuvre s'ordonne dans la syntaxe savoureuse du monde.

C'est pourquoi rien ne dit que la valeur du privé ne soit pas résolument communicable. Ainsi il arrivait à Réquichot de faire « des peintures qui se détruisaient presque instantanément à cause de leur *matière mobile* » et c'est « l'expérience *émotive* » qui seule l'intéressait, c'est-à-dire cette subsomption de l'œuvre dans le temps, à moins que ce ne fût justement le contraire : « L'observation des limites de la sensibilité et de ses changements. » Mais en cette expérience apparemment singulière (à tous les sens du terme) « rien ne me permet, dit Réquichot, d'affirmer que ces essais aient eu une valeur seulement personnelle et subjective : là aussi *l'incertitude trouve sa place* [2] » (p. 142). Autrement dit l'universalité des jugements de goût s'offre chez Réquichot comme l'universalité de l'incertitude ou de l'inquiétude, comme la stabilité du mouvant, comme l'événement des événements. Le bonheur d'une œuvre est à la fois dans l'érosion des interstices et dans la conjonction des éléments, dans l'emportement de son mouvement et dans l'assise tranquille de ce déséquilibre constant. Réquichot pensait que l'on devrait « signer certains instants par lesquels on passe devant les choses, afin de donner quelque durée aux miracles fugitifs » (p. 112), – des feuilles, des monuments, des êtres. Le bonheur est dans la signature qu'à chaque instant on peut apposer sur le visage variable du temps, comme si la veille pouvait nommer le rêve ou le désinvolte, le disparate, comme si l'Autrefois pouvait signer le Maintenant.

Revenons alors à Platon et reprenons la citation du début plus longuement, plus lentement :

> Car à mon avis, ce qu'il y a de terrible, Phèdre, c'est la ressemblance qu'entretient l'écriture avec la peinture. De fait, les êtres qu'engendre la peinture se tiennent debout comme s'ils étaient vivants ; mais qu'on les interroge, ils restent figés dans une pose solennelle et gardent le silence. Et il en va de même pour les discours. On pourrait croire qu'ils parlent pour exprimer quelque réflexion ; mais si on les interroge, parce qu'on souhaite comprendre ce qu'ils disent, c'est une seule chose qu'ils se contentent de signifier, toujours la même. Autre chose : quand, une fois pour toutes, il a été écrit, chaque discours va rouler de droite et de gauche et passe indifféremment auprès de ceux qui s'y connaissent, comme auprès de ceux dont ce n'est point l'affaire ; de plus il ne sait pas quels sont ceux à qui il doit ou non s'adresser. Que par ailleurs s'élèvent à son sujet des voix discordantes et qu'il soit injustement injurié, il a toujours besoin du secours de son père ; car il n'est capable ni de se défendre ni de se tirer d'affaire tout seul. (1989, 275d)

Lisons à rebours les arguments de Platon.

D'abord tout est question de paternité. Nous sommes plongés en pleine affaire de famille : il s'agit d'assurer l'héritage. Comme Deleuze l'avait déjà noté, la dialectique platonicienne touche moins la division horizontale des espèces que la sélection verticale d'une lignée. Contrairement à ce que l'on croit parfois, le monde de Platon est rien moins qu'éthéré et le savoir toujours pris dans des enjeux sociaux et politiques. La légitimité d'une connaissance implique la reconnaissance de sa légitimité, par le partage du bon grain et de l'ivraie, du bon lignage et du mauvais héritage. C'est une question de justice (et non de seule épistémologie). Rendre justice à un texte écrit apparaît beaucoup plus difficile qu'à un discours oral dont le père peut toujours défendre la validité et la valeur. On pourrait trouver là matière à contradiction puisque Platon lui-même a laissé nombre d'écrits, mais ce serait ignorer l'institutionnalisation de la lecture de ses propres textes qu'a été l'Académie. Avec cette institution qui a duré mille ans, le père chaque fois se tenait derrière son texte, pour décider des bonnes et des mauvaises lectures.

Ce problème de légitimité est bien celui qui touche ceux qui peuvent ou non lire l'écrit. Tout texte, livré au hasard des rencontres, s'avère incapable de contrôler ceux à qui il est accessible. Le verbe *kulindeitai* signifie aussi bien rouler, au sens d'accomplir un mouvement circulaire, voire une spirale, que l'activité de se rouler comme on se roule dans la boue (voir par exemple *République*, III, 388 b) ou dans des déchets. Roulade dans ce qui a déchu de son ancienne légitimité, roulade indéterminée, interminée (sans *telos*), qui laisse place à l'inattendu, aux jeux d'apparence, car la présence du texte est déployée dans l'imprévu du temps.

À ces questions de justice et de légitimité est liée celle de la compréhension : c'est bien parce que l'écriture est, elle, déterminée et figée, qu'elle *autorise* des lecteurs indéterminés, dans la mesure où une lecture est toujours le moment d'une occasion, et dépend d'un contexte présent pour lire ce qui fut écrit dans un contexte passé. Le mouvement de la compréhension s'inscrit nécessairement dans la durée d'un mouvement. Et, plus généralement, le caractère le plus problématique de l'écrit tient au rapport qu'il entretient avec le temps et les rencontres qui y ont lieu.

C'est d'ailleurs là que se noue le lien entre peinture et écriture : ce n'est pas simplement affaire d'espace que l'on peint ou que l'on grave, bref que l'on fige, mais problème de temps que l'on superpose ou que l'on déploie, bref que l'on trouble. Ce trouble porte un nom, la *mimesis*. Dans le livre X de la *République*, la disqualification d'Homère intervient après une discussion sur la *mimesis* où c'est la peinture qui sert de modèle pour penser la production poétique. Or la disqualification est double, elle tient d'abord à une question de légitimité (poète et peintre n'ont pas la compétence reconnue pour faire un lit selon le juste modèle du lit, ils ne peuvent produire un lit que selon son apparence), ensuite à un problème de temps (là où la médiation des idées occupe une nécessaire durée, peintre et poète procurent un effet immédiat). C'est la comparaison avec le miroir qui permet de faire comprendre à Glaucon l'efficacité et la profonde illégitimité de ce mouvement : « Ce même artisan n'a pas seulement le talent de faire tous les meubles, il fait encore toutes les plantes, et il façonne tous les êtres vivants et lui-même ; ce n'est pas tout, il fait la terre, le ciel, les dieux, tout ce qui existe dans le ciel et tout ce qui existe sous la terre chez Hadès. [...] Ne vois-tu pas que toi-même tu pourrais créer tout cela d'une certaine façon ? [...] si tu veux prendre un miroir et le présenter de tous côtés ; en moins de rien (*takhu*) tu feras le soleil et les astres du ciel, en moins de rien, la terre, en moins de rien, toi-même » (596 c-d). La vitesse de création est à la mesure de la déchéance impliquée dans pareille production.

Ce qui se conçoit bien s'énonce lentement, ce qui apparaît vite s'énonce illégitimement. Platon discerne parfaitement le problème majeur de l'écriture et de la peinture : ils produisent un effet d'immédiateté, un effet de présence, où le temps est à la fois aboli et déployé, mis en scène et oublié. Le miroir est l'image (encore une analogie, un *ana-logon*, un discours replié sur lui-même, une raison d'à-côté) d'une trop grande vitesse, d'une synchronisation illégitime : l'image n'est pas figée parce qu'elle serait immobile, mais juste au contraire parce qu'elle se déplace trop vite pour notre perception ou notre entendement. La dialectique platonicienne comme théorie des Idées et sa critique de l'écriture impliquent une ascèse de la *médiation* et un type de temporalité par où le passé doit contrôler le présent comme le présent doit contrôler le futur selon le principe d'un *legato* temporel, d'une dynamique certes, mais uniformément linéaire.

Penser la vitesse de l'image fixe, non dans l'absolu contesté de son instantanéité, mais dans le dépliage de ses durées, de ses rythmes, de ses bifurcations, oblige à concevoir une autre forme de temporalité : trouée, tourbillonnaire, kairotique. Au temps linéaire qui noue passé et présent s'opposent des fonctions non linéaires de la durée où, selon la vertu des attracteurs étranges, une autre dynamique a lieu. On pourrait ainsi trouver chez Walter Benjamin une posture temporelle toute différente de celle de Platon :

> Il ne faut pas dire que le passé (*Vergangene*) éclaire le présent (*Gegenwärtig*) ou que le présent éclaire le passé. Une image, au contraire, est ce en quoi l'Autrefois (*Gewesene*) rencontre le Maintenant (*Jetzt*) dans un éclair pour

> former une constellation. En d'autres termes, l'image est la dialectique à l'arrêt (*im Stillstand*). Car, tandis que la relation du présent avec le passé est purement temporelle, continue, la relation de l'Autrefois avec le Maintenant est dialectique.
> La marque historique des images n'indique pas seulement qu'elles appartiennent à une époque déterminée, elle indique surtout qu'elles ne parviennent à la lisibilité (*Lesbarkeit*) qu'à une époque déterminée. Et le fait de parvenir « à la lisibilité » représente certes un point critique déterminé dans le mouvement qui les anime. Chaque présent est déterminé par les images qui sont synchrones (*synchronistisch*) avec lui ; chaque Maintenant est le Maintenant d'une connaissabilité déterminée. Avec lui, la vérité est chargée de temps jusqu'à en exploser. [1982, 1993, (N, 2a, 3) et (N3,1)]

La forme du temps qui cherche à lier passé et présent n'est pas identique à celle qui fait se rencontrer l'Autrefois et le Maintenant. La première impose une soumission : tantôt le passé, tantôt le présent braquent les projecteurs de l'entendement sur l'objet de sa connaissance. Avec la seconde, les figurations, dans l'éclair de l'immédiateté, sont à elles-mêmes leur lumière et leur matière, leur façonnement et leur éclairage. La dialectique est alors à l'état de repos (*im stillstand*) : pas seulement arrêtée, mais produisant un effet d'inertie, un système de référence à partir duquel calculer les différents régimes des autres figures. Lire ne consiste plus à nouer un dialogue (valide ou défaillant) avec un écrit marqué par l'absence de son « père », mais à saisir le point de synchronisation, l'effet d'immédiateté produit par la dialectique. La vérité d'une lecture n'est pas produite dans le temps et, donc, dépendante du pouvoir d'un contexte sur un autre, mais c'est le temps qui charge la vérité de sa puissance explosive, en synchronisant les figures dialectiques de l'Autrefois et du Maintenant.

Platon n'a pas ignoré semblable machinerie : le synchronisme de l'écriture et de la peinture est lui-même un effet de miroir de cet effet d'immédiateté. Mais pour Platon, il y a là une trop grande vitesse de production à laquelle un savoir authentique, un pouvoir social reconnu ne pourraient se résoudre. À l'inverse, Benjamin fait opérer cette temporalité de la lecture dans l'effet de synchronisation du Maintenant et de l'Autrefois. L'œuvre de Réquichot nous ouvre justement à ces dimensions de vitesse, d'immédiateté, de synchronisation, d'inquiétude et de légitimité ; elle témoigne du fait que la fixité de l'image comme de l'écriture n'est bien sûr pas ce qui bloque sa puissance (ce qui inquiétait beaucoup Platon), non plus ce qui limite sa réception, mais au contraire la condition de possibilité et de l'écriture et de la lecture.

Université de Montréal

Notes

1. Je souligne.
2. Je souligne.

Références bibliographiques

BARTHES, Roland
1982 *L'Obvie et l'Obtus : essais critiques III*, Paris, Éditions du Seuil.

BENJAMIN, Walter
1982 *Das Passagen-Werk*, édité par Rolf Tiedermann, Suhrkamp, Francfort ; traduction française de J. Lacoste : *Paris, capitale du XXe siècle ; le livre des passages*, Paris, Éditions du Cerf, 1993.

PLATON
1982 *La République*, traduction Émile Chambry, Paris, Les Belles Lettres.
1989 *Phèdre*, traduction Luc Brisson, Paris, GF Flammarion.

REQUICHOT, Bernard
1973 *Les Écrits*, édité par M. Billot avec une préface d'A. Jouffroy, Bruxelles, Éditions de la Connaissance.

Claire Larsonneur

LE TRAVAIL DU DOUBLE : DELEUZE, PYNCHON

> *What happens when paranoid meets paranoid ? A crossing of solipsisms. Clearly. The two patterns create a third : a moiré, a new world of flowing shadows, interferences...* (*Gravity's Rainbow,* p. 395)

Gravity's Rainbow est un roman particulier, paranoïaque comme son personnage principal perpétuellement écartelé entre le désir de mettre de l'ordre dans les signes foisonnants qui lui sont proposés, et le soupçon qui le taraude d'une autre interprétation où les mêmes signes renversés seraient les symptômes d'une déliquescence généralisée. L'écriture du roman se nourrit ainsi du hiatus entre la sémantique et la clinique, l'herméneutique des signes et l'investigation des symptômes. Comme s'il fallait passer de l'un à l'autre pour découvrir un sens caché qui se serait perdu dans le brouillage de l'information, quelque part entre l'émetteur et le récepteur. La première hypothèse de lecture verra en *Gravity's Rainbow* un roman consacré aux dysfonctionnements de l'interprétation, hypothèse accréditée par la complaisance avec laquelle Pynchon développe le thème du « *white noise* ». Le procédé semble toutefois un peu trop explicite pour être innocent : et si l'échec de la transmission de l'information importait moins que la trame qu'elle permet de tracer ? Si l'on nous disait que le sens se nourrit plutôt d'interférences que d'exactitudes ? Le schéma emblématique de la production de sens ne serait plus dès lors l'association d'un émetteur et d'un récepteur mais la confrontation d'un paranoïaque à un autre, dessinant les limites de la théorie de l'information. C'est bien plutôt un monde du solipsisme en effet qui se dessine, où chacun se cantonne dans la poursuite exclusive de ce qu'il perçoit comme signe et l'autre comme symptôme. Et vice-versa.

Critique d'une part, clinique de l'autre, on retrouve le double pôle de l'œuvre de Gilles Deleuze qui articule lui aussi le fonctionnement des signes aux manifestations symptomatiques du pouvoir. L'analogie entre les deux œuvres se justifie d'abord par cette construction parallèle d'un champ d'investigation du sens entre signe et symptôme. Mais elle se justifie aussi plus précisément par le procédé qu'elles mettent à jour et que l'on qualifiera de schizophrénique, à savoir la mise en exergue par la psyché d'une figure du double, toujours manquante et à partir de laquelle se constitue un discours délirant au travers duquel des équivalents de ce « double impossible » sont multipliés [1]. La pensée « schizophrène » n'est ni une présentation ordonnée d'un argument, ni une tentative de représentation du réel, mais la constitution d'un pendant du soi, un double impossible dans lequel son identité se perd. Double parce qu'il s'agit d'une figure imaginaire qui dérive du moi et instaure une rupture dans la coïncidence de soi à soi, impossible parce qu'inaccessible ou irrécupérable [2]. Le double toutefois doit être *explicitement énoncé* comme impossible afin que le discours puisse s'enclencher. L'analogie avec la schizophrénie psychiatrique trouve sa limite dans ce point précis d'énonciation par lequel la fiction, comme l'essai philosophique, se distingue de la folie. Mais le procédé de création, c'est-à-dire d'énonciation du monde, demeure le même. La « pensée schizophrène » est ce recouvrement mutuel et antithétique de la parole et du corps par le biais des signes et des symptômes.

> Pavlov showed how mirror-images Inside could be confused. Ideas of the opposite. But what new pathology lies Outside now ? What sickness to events – to History itself – can create symmetrical opposites like these robot weapons ? Signs and symptoms. Was Spectro right ? Could Inside and Outside be part of the same field ? (p. 144)

D'un côté l'univers de la parole, qui comprend aussi bien le récit que les tentatives d'interprétation des personnages, et qui tend inéluctablement vers la logorrhée, de l'autre un corps (physique, psychique, collectif) problématique et désirant. La parole schizophrène a beau être articulée, elle se heurte constamment à l'impossibilité où elle est de donner sa voix au corps, son double marqué dès lors du sceau de l'altérité [3]. Slothrop en est l'exemple le plus achevé : il est présenté comme « *a faithful reader* » (p. 18) submergé par l'accumulation des matériaux sur son bureau. Il vit au milieu de strates de signes réclamant une interprétation qu'il doit fournir à de mystérieuses instances sous forme de rapports. Seulement ces signes se dérobent : « *It's nothing he can see or lay hands on – sudden gases, a violence upon the air and no trace afterward… a Word, spoken with no warning into your ear, and then silence forever* » (p. 25). Par ailleurs sa « paranoïa » [4] est alimentée par la conscience vague d'avoir été manipulé et conditionné dans son enfance par un inconnu (p. 209), elle est renforcée par sa méconnaissance à la fois de ce qui est arrivé à son corps dans le passé et de la signification présente de ses manifestations corporelles. Les érections auxquelles il est sujet et dont il trace la cartographie fonctionnent comme des signes à décrypter, dont il n'a pas la clef, mais aussi comme les symptômes particuliers de cette maladie collective que serait la guerre : il est donc doublement dépossédé de son corps. Le roman retrace sa tentative de reconquête du sens (des signes comme du corps) au travers de la recherche de cet autre Slothrop, un double occulté par le temps et la psyché et qui détiendrait la clef de son identité : « *"Listen", Slothrop talking into his highball glass, bouncing words off ice cubes so they'll have a proper chill,'either I'm coming down with a little psychosis here, or something funny is going on, right ?* » (p. 192)

Dans *Mille Plateaux* les chapitres portant sur le corps sans organes ou bien sur les notions du lisse et du strié fonctionnent également de manière schizophrénique. La réflexion y pose d'abord un double impossible : un corps dissocié de ses fonctions organiques, un espace lisse qui est le passage à la limite absolue de l'espace strié. Ces doubles impossibles ont pour fonction de créer un appel d'air au sein de l'expérience commune : ils évident le réel et en exposent les manques. En brisant l'évidence de la représentation, ils permettent au discours philosophique de multiplier les hypothèses et les perspectives : si l'espace lisse n'est finalement jamais décrit, et pour cause, en revanche l'espace strié – c'est-à-dire l'espace du trait distinctif et donc du sens – donne lieu à plusieurs métaphores et à de nombreux développements : le tissu et ses variantes (le tricot, le crochet, le patchwork, la broderie) ou le modèle musical, ou encore le modèle géométrique point-ligne-surface. Or la multiplication des hypothèses se présente toujours sous forme de séries de couples, où les termes des séries sont des relations plutôt que des instances : circulation du désir/coup d'arrêt de la jouissance, perception haptique/perception optique, habitat sédentaire/habitat nomade. Être représentatif d'un pôle induit des comportements relevant ostensiblement de l'autre pôle : la mer, espace lisse par excellence, est quadrillée de longitudes, latitudes et autres repères ; la ville, malgré l'abondance des marques de l'histoire dont la superposition la caractérise, appelle les parcours nomades – c'est-à-dire lisses. Le terme de « pôle » est donc impropre puisque les notions et les comportements s'entremêlent en permanence et qu'il s'agit pour Deleuze et Guattari de savoir « comment une détermination peut être en situation de faire partie d'une autre, sans qu'on puisse assigner de grandeur exacte ni d'unité commune, ni d'indifférence à la situation » (1980, p. 605). Il leur faut donc bien partir d'un double et non pas d'une figure de l'altérité, un double c'est-à-dire un élément qui réponde à l'entité posée et la confronte à son envers tout en lui restant inaliénable.

Dans les deux cas le point de départ est bien la position arbitraire du double au sein du réel, son importation en quelque sorte. Certes chez Pynchon le discours schizophrène proliférant s'ancre le plus souvent sur un personnage solitaire et à partir du soliloque de son fantasme. Toutefois cette situation permet d'évacuer la tentation illusoire du dialogue et de resserrer la fiction sur le procédé hallucinatoire de création du double. De tels discours ne sont d'ailleurs pas forcément entièrement, ni uniquement, assumés par le personnage – il ne s'agit donc pas d'une signification qui procéderait du sujet mais qui relève plutôt d'un locuteur nomade. Ainsi la scène où Bianca se fait fouetter par sa mère à bord de l'*Anubis* est l'image-miroir de sa conception lors du tournage une dizaine d'années auparavant d'un film pornographique :

> The tender crevice tightens and relaxes, suspender straps shift and stretch as Bianca kicks her legs, silk stockings squeak together, erotic and audible now that the group have fallen silent and found the medium of touch, hands reaching out to breasts and crotches, Adam's apples bobbing, tongues licking lips… where's the old masochist and monument Slothrop knew back in Berlin ? (p. 466)

La scène originelle se trouve décrite page 397 :

> All Margherita's chains and fetters are chiming, black skirt furled back to her waist, stockings pulled up tight in classic cusps by the suspenders of the boned black rig she's wearing underneath. […] What waits past this whine and crack of velvet lashes against her skin, long red stripes on the white ground, her

> moans, the bruise-colored flower that cries at her breast, the jingling of the hardware holding her down ? He tries not to tear at his victim's stockings, or whip too close to her stretched vulva, which shivers, unprotected, between thighs agape and straining, amid movements of muscle erotic, subdued, « monumental » as any silver memory of her body on film.

Il semble que Pynchon mette ici un point d'honneur à nous présenter toutes les figures du dédoublement : par inversion, la femme masochiste devenant une mère sadique, par permutation, « *the tender crevice* » désignant le sexe maternel ou les fesses filiales, par transfert puisque Slothrop couche successivement avec la mère et la fille. Cette scène érotico-sadique ouvre sur une page d'anthologie qui décrit la copulation collective des invités sur le modèle d'une chaîne infinie et à partir d'éléments duels : les deux serveurs, le couple de lesbiennes, les lycéennes jumelles. Si le thème du double annihile celui de l'autre, s'il ne peut plus y avoir de sociabilité, toute tentative de sortie hors de soi aboutira à une impasse puisqu'elle sera renvoyée au seul miroir du moi, soit le double qui est un miroir déficient. Le repli de la conscience sur elle-même tournant à vide, la seule option disponible est le redoublement des figures du double et sa démultiplication dans le temps comme dans l'espace. L'orgie sur l'*Anubis* peut être lue comme un parfait écho littéraire du texte que Deleuze et Guattari ont consacré à l'économie désirante du corps sans organes (CsO). On y trouve en effet la circulation indéfinie d'intensité entre des éléments qu'on ne peut pas considérer comme des personnages mais qu'il faut bien désigner comme de simples points d'ancrage de l'action. Plaisir solitaire clos sur lui-même, couturé de toutes parts contre l'intrusion possible de l'autre, plaisir condamné dès lors à la répétition *ad nauseam* de l'itinéraire qu'il s'est choisi. La boucle est bouclée et l'on revient aux serveurs : « *Pretty twin bottoms arched to receive in their anal openings the cocks of the two waiters who have but lately been, if you recall…* »

Est-on bien revenu au point de départ cependant ? Pynchon clôt la scène sur un calembour polyglotte et ironique, « *back down the Oder River a ways* », suggérant qu'il n'en est rien et nous invitant à relire le passage non plus au premier degré mais au second. La description complaisante des ébats d'un groupe de bourgeois décadents pourrait servir de prétexte à un autre commentaire, de type métafictionnel cette fois. Le double impossible et l'expansion des discours nous renverraient au processus d'élaboration de la fiction, donc à l'acte même de l'écriture [5].

Le véritable sujet du roman est alors la question de la construction du sens, ce en quoi Pynchon rejoint Deleuze. Plus qu'un thème, le double impossible est une méthode pour ce dernier qui en fait le postulat fondateur de *Différence et Répétition.* Car cet essai entend opposer au système stable de la représentation son « double impossible », c'est-à-dire l'Idée [6], dont il est bien dit qu'elle ne saurait être comprise à partir des catégories et des genres sur lesquels se fonde la réflexion classique. Il n'est désormais plus possible de s'appuyer sur des classifications, surtout si elles prétendent épuiser le réel, ni de ramener la pensée à un ordre linéaire puisque le sens n'est pas quelque chose qui se pose mais ce qui s'éprouve en tension. Or définir l'Idée à partir d'éléments différentiels mis en relation les uns avec les autres suppose logiquement l'énoncé d'un discours proliférant qui sera bien la contrepartie du réseau ou rhizome des différences, mais ne sera plus un discours de représentation adéquate.

> Le primat de l'identité, de quelque manière que celle-ci soit conçue, définit le monde de la représentation. Mais la pensée moderne naît de la faillite de la représentation, comme de la perte des identités, et de la découverte de toutes les forces qui agissent sous la représentation de l'identique. Le monde moderne est celui des simulacres. […] Toutes les identités ne sont que simulées, produites comme un effet optique, par un jeu plus profond qui est celui de la différence et de la répétition. (Deleuze, 1969, p. 1)

Revenons à Pynchon. Le mot d'ordre fictionnel (« c'est l'histoire de… ») dans *Gravity's Rainbow* a essaimé en une forme de « discours/coït proliférant », autogénéré et autocentré : le lecteur se trouve devant une construction artificielle dont le rapport à la réalité peut être mis en question, comme dans la scène de l'orgie que nous prendrons comme exemple emblématique du roman : « *and it* ***feels****, at least, like everybody came together,* ***though how could that be*** *?* » (p. 467) D'autant plus que l'ensemble de la scène est mis en perspective par le seul personnage qui échappe à la folie collective, l'enseigne de bateau japonais Morituri : « *Not masturbating or anything, just watching, watching the river, the night… well, they're pretty inscrutable, you know, those Japs.* » D'une certaine façon on peut dire que Morituri, dont la seule activité se résume à regarder, constitue paradoxalement un point aveugle – « *inscrutable* » – dans le dispositif de voyeurisme qui régit l'*Anubis*. Le procédé de mise en place d'un double impossible à l'échelle de l'ensemble de la scène peut être lu comme une critique générale et décapante de la représentation. De même les lieux-phares du roman fonctionnent souvent par rapport à un double qui a pour fonction de rendre l'illusion romanesque impossible : ainsi le miroir qui fait disparaître le bar « *the oceanic mirror that swallows most of the room in metal shadows* » (p. 62) ou bien le périple loufoque et héroïque de Slothrop dans les canalisations des toilettes, pendant irréel de ses pérégrinations géographiques (p. 63-67). La déstabilisation de la représentation passe en premier lieu par l'invalidation de la fonction usuelle du référent, en tant que garantie du sens. Comme dans le cas des schizophrènes, les formes proliférantes de discours sont le pendant paradoxal de la réduction du champ de l'expérience relationnelle qui a évacué la rencontre de l'autre au profit de la figure du double. Le rétrécissement de la perspective mentale à un seul objet est une position psychologiquement et littérairement intenable à laquelle l'on remédie en multipliant les perspectives sur ce même objet, introduisant ainsi des objets partiels à foison, autant de facettes qui tirent leur existence de la fiction introduite. Le « *Brennschluss point* » ou « *zero point* » autour duquel gravite le roman, fait partie de ces objets : c'est bien un double impossible puisqu'il est le pendant unique et problématique du point de lancement, à la fois le but de la trajectoire et l'endroit où la fusée s'annihile. Le passage suivant souligne certes son caractère unique mais, comme si la position était intenable, dérive sur une série de définitions négatives puis inverse son propos : le point-zéro est alors démultiplié, décrit comme une constellation dont l'apparence change selon chaque point de vue :

> That is one meaning of the shape of the tunnels down here in the Mittelwerke. Another may be the ancient rune that stands for the yew tree, or Death. The double integral stood in Etzel Olsch's subconscious for the method of finding hidden centers, inertias unknown, as if monoliths had been left for him in the twilight, left behind by some corrupted idea of « Civilization », in which eagles cast in concrete stand ten meters high at the corners of the stadiums where the people, a corrupted idea of « the People », are gathering, in which birds do not fly, in which imaginary centers far down inside the solid fatality of stone are thought of not as « heart », « plexus », « consciousness », (the voice speaking here grows more ironic, closer to tears which are not all theatre, as the list goes on…) « sanctuary », « dream of motion », « cyst of the eternal present », or « Gravity's gray eminence among the councils of the living stone ». **No, as none of these, but instead a point in space**, a point hung precise as the point where burning must end, never launched, never to fall. And what is the specific shape whose center of gravity is the Brennschluss Point ? Don't jump at an infinite number of possible shapes. **There's only**

> **one**. It is most likely an interface between one order of things and another. There's a Brennschluss point for every firing site. They still hang up there, all of them, a constellation waiting to have a 13th sign of the Zodiac named for it… but they lie so close to Earth that from many places they can't be seen at all, and from different places inside the zone where they can be seen, **they fall into completely different patterns**… (p. 302 ; je souligne)

Si nous avons quitté avec le règne du double le domaine de la représentation, comme le suggère Deleuze, comment maintenir les formes traditionnelles de la fiction alors qu'elles reposent précisément sur l'idéologie et les techniques de la représentation ? Un certain nombre d'indices indiquent dans *Gravity's Rainbow* la disparition de la référence au réel : la superposition des lieux historiques et des lieux oniriques, le brouillage des dates comme de tous les repères classiques, la dissolution de la voix narrative, l'inconsistance apparente de la trame narrative. L'articulation du discours sur la double notion de vérité/fausseté n'opère plus, ni l'exigence d'une adéquation entre le récit et l'événement. Il porte plutôt sur « l'état des différences libres océaniques, des distributions nomades, des anarchies couronnées, toute cette malignité qui conteste et la notion de modèle et celle de copie » (Deleuze, 1969, p. 341). Les conséquences sémantiques sont importantes puisqu'on n'a plus besoin de postuler un lien de parenté stable entre le signifiant et le référent, voire entre le signifiant et le signifié. En quelque sorte, le discours peut désormais tourner en roue libre et à sa guise dans la mesure où le sens n'est plus *retrouvé* au sein du réel mais explicitement *produit* par l'ensemble des relations entre signifiants. Ceci se traduit dans *Gravity's Rainbow* par un mode particulier d'articulation des scènes qui sont construites en parallèle ou en dissonance plutôt que selon une perspective de progression linéaire (logique ou chronologique) : ainsi les itinéraires parallèles des jumeaux antagonistes, Enzian et Tchitcherine, ou bien la parodie de la scène finale dans l'épisode burlesque où Slothrop déguisé en cochon sert de projectile humain, ou encore tous les épisodes amoureux qui se répondent. Cette dissociation du signifié et du signifiant est manifeste dans l'usage qui est fait des sigles ainsi que des slogans. Comme dans les histoires d'espionnage, les sigles fonctionnent comme un langage codé que le lecteur doit déchiffrer. Mais Slothrop, et bien souvent le lecteur à son tour, ne parviennent pas à le décoder (« *his MMPI* », « *a local PX* ») ou bien lui trouvent une solution vide de sens. Les sigles sont d'autre part l'objet de fréquents jeux de mots, recevant par là un sens parasite comme ACHTUNG, PISCES ou SHAEF (« *chief* » ?). L'attribution du sens ne se fait plus par référence, mais au moyen de jeux de langage comme les variations de ponctuation sur « *you never did the Kenosha Kid* » (p. 60) ou bien encore l'invention de mots-valises. Certes la dissociation du signifié et du signifiant invalide la référence, mais elle déborde aussi ce cadre et touche à d'autres aspects du langage. Le roman nous le démontre en minant systématiquement les points d'appui de l'interprétation classique : les frontières entre les mots par la pratique des mots-valises ou des agglomérats, le primat de l'écrit sur l'oral au moyen de jeux de mots phonétiques, l'étanchéité des langues entre elles, l'attribution de sujets d'énonciation distincts par la souplesse de passage entre discours direct, discours indirect et discours indirect libre. La crise de la représentation dans *Gravity's Rainbow* est essentiellement une crise de l'attribution. Et celle-ci reflète, comme chez Deleuze, la disparition d'un sens garanti par Dieu, par l'auteur, par les Idées platoniciennes ou l'Histoire, donc de toute hypothèse d'une transcendance du sens qui lui conférerait une antériorité par rapport à l'énonciation.

Le modèle épistémologique défini par Deleuze et que l'on voit à l'œuvre chez Pynchon, privilégie la notion de saillance ou de singularité par rapport à la notion classique de représentation adéquate. Toutefois il faut souligner le fait que le primat accordé aux relations distributives ou différentielles sur les contraintes classiques (opposition, analogie, ressemblance et identité) ne s'accompagne pas d'une anarchie du sens ; il met au contraire en évidence l'importance de *mots d'ordre* à partir desquels s'organisent pratiques et signification. Pour Deleuze et Guattari comme pour Pynchon, la mise à bas du masque représentatif permet d'attirer l'attention sur la prégnance des mots d'ordre, c'est-à-dire des discours impersonnels et contraignants qui délimitent le sens.

> Le mode majeur et le mode mineur sont deux traitements de la langue, l'un consistant à en extraire des constantes, l'autre à la mettre en variation continue. Mais, dans la mesure où le mot d'ordre est la variable d'énonciation qui effectue la condition de la langue, et définit l'usage des éléments d'après l'un ou l'autre traitement, c'est bien au mot d'ordre qu'il faut revenir, comme au seul « métalangage » capable de rendre compte de cette double direction, de ce double traitement des variables. (1980, p. 135)

Ainsi la fameuse fusée chez Pynchon, avant même d'être un engin physique de mort ou de découverte, fonctionne comme un mot d'ordre permettant d'inscrire sur la carte une configuration mystérieuse mais toute puissante, que les personnages et le roman visent à déchiffrer. Une fois que les notions de véracité et de représentation adéquate ont été écartées, les mécanismes du pouvoir impersonnel qui régissent le sens peuvent être mis à nu. Slothrop les désigne dans ses délires au moyen d'un pronom personnel dépourvu de référent, « *They* », dans lequel il voit le moteur invisible et incompréhensible de sa destinée. « *They will use us. We will help legitimize Them, though They don't need it really, it's another dividend for Them, nice but not critical* » (p. 713). À la volonté d'interpréter les signes et les symptômes qui recèlent le sens caché succède la nécessité d'un repérage du dispositif d'énonciation qui régit la situation. Deleuze et Guattari en font le thème central de leurs analyses du langage et de la politique :

> Car la question n'était pas : comment échapper au mot d'ordre ? – mais comment échapper à la sentence de mort qu'il enveloppe, comment développer sa puissance de fuite, comment empêcher la fuite de tourner dans l'imaginaire, ou de tomber dans un trou noir, comment maintenir ou dégager la potentialité révolutionnaire d'un mot d'ordre ? (1980, p. 139)

De même, la question de Slothrop n'est pas de savoir *qui signifie quoi*, mais *où et par rapport à qui il parle*. La construction du roman dès lors ne se fonde plus sur l'élucidation du sens mais sur l'exploration de situations qui reviennent de façon récurrente à mesure que les mots d'ordre qui les régissent sont réintroduits : on peut citer la relation amoureuse, les pratiques scientifiques, l'espionnage, les hallucinations… « Développer la puissance de fuite » ne peut se faire qu'en détachant l'attention du contenu pour la tirer vers le rapport que ce contenu entretient avec le mot d'ordre, en travaillant la métaphore jusqu'à en faire un concept (le rhizome, l'espace strié), en démultipliant les scènes parallèles. Dans *Gravity's Rainbow*, c'est l'oscillation de la voix narrative entre la distance de la troisième personne, l'apostrophe et le discours indirect libre, combinée avec l'invention de voix venues de nulle part (« *the voice speaking here* »), qui permet de moduler la narration en fonction du mot d'ordre.

> Laughter surrounds you. Full, faithful-audience laughter, coming from the four points of the padded interior. You realize, with a vague sense of dismay, that this is some kind of a stereo rig here, and a glance inside the glove

> compartment reveals an entire library of similar tapes : CHEERING (AFFECTIONATE), CHEERING (AROUSED), HOSTILE MOB in an assortment of 22 languages, YESES, NOES, NEGRO SUPPORTERS, WOMEN SUPPORTERS, ATHLETIC – oh, come now – FIRE-FIGHT (CONVENTIONAL), FIRE-FIGHT (NUCLEAR), FIRE-FIGHT (URBAN), CATHEDRAL ACOUSTICS… (p. 756)

Reste à savoir si l'invention du double impossible coïncide avec la manifestation d'un mot d'ordre. Or, si la position forcément arbitraire du double a précisément pour fonction de créer un mot d'ordre à partir duquel le discours fictif ou délirant va se constituer, la recevabilité par autrui du sens ainsi produit n'est pas garantie et l'on revient à la confrontation des paranoïaques solipsistes. Une première piste est indiquée par Deleuze et Guattari qui situent la production de sens dans le rapport entre la machine et l'agencement en déplaçant l'opposition traditionnelle entre parole et langue :

> Il n'y a donc pas lieu de distinguer une langue collective et constante, et des actes de parole, variables et individuels. La machine abstraite est toujours singulière, désignée par un nom propre, de groupe ou d'individu, tandis que l'agencement d'énonciation est toujours collectif, dans l'individu comme dans le groupe. (1980, p. 127)

L'hypothèse du solipsisme ne tient donc pas, mais rien ne garantit encore la compréhension du sens par autrui, sinon peut-être la clairvoyance de l'auteur. Une deuxième piste se trouve énoncée dans *L'Anti-Œdipe*, p. 439 : « La quatrième et dernière thèse de la schizo-analyse est donc la distinction de deux pôles de l'investissement libidinal social, le pôle paranoïaque, réactionnaire et fascisant, le pôle schizoïde révolutionnaire. » Le sens ne peut être que social « dès le moment où le délire est reconnu comme ayant un contenu social primaire immédiatement adéquat » (*ibid*) ; le sens est surtout l'objet de luttes politiques entre ces deux pôles. Il relève toujours alors – et c'est un renversement de perspective important – de cette lutte entre deux formes de délire qui constituent les agencements collectifs d'énonciation. Le statut de l'auteur devient de plus en plus problématique, puisqu'il est lui-même susceptible de délirer c'est-à-dire de se livrer à des opérations de territorialisation et de déterritorialisation, successivement et simultanément. Il n'y a pas d'issue dans le dispositif de Pynchon ou de Deleuze si on ne prend pas en compte l'ironie, « *the laughter* », d'une pensée qui ne fixe rien mais démonte par l'exemple la fragilité de nos croyances en la validité de la représentation. Tous deux refusent énergiquement tout mode de légitimation d'un pouvoir déguisé par une référence à un absolu, en pratiquant une forme de discours hostile à tout contenu fixe et définitif. Peut-être le signe le plus probant de la validité de leur entreprise est l'incessant aller et retour de la théorie à la pratique, de la thèse à l'exemple, comme d'un niveau à l'autre de l'écriture sur lequel leurs textes sont bâtis : ils nous invitent ainsi à une lecture nomade qui se méfie de la lettre et cherche le rapport de forces.

> L'homme de pouvoir ne cessera de vouloir arrêter les lignes de fuite, et pour cela de prendre, de fixer la machine de mutation dans la machine de surcodage. Mais il ne peut le faire qu'en faisant le vide, c'est-à-dire en fixant d'abord la machine de surcodage elle-même, en la contenant dans l'agencement local chargé de l'effectuer, bref en donnant à l'agencement les dimensions de la machine : ce qui se produit dans les conditions artificielles du totalitarisme ou du « vase clos ». (Deleuze et Guattari, 1980, p. 279)

Notes

1. Il ne s'agit ici bien sûr pas du concept psychiatrique de schizophrénie mais d'un processus mental créatif qui serait régi par la même économie. La constitution d'un double et sa mise à distance comme objet impossible rappellent le symptôme principal de la schizophrénie clinique, c'est-à-dire la dissociation ou *Spaltung*. Cette dissociation a pour conséquences immédiates non pas le déni de la réalité comme on a pu le dire mais la divergence des lectures du réel, puisque le médecin relève des symptômes là où le malade voit des signes à interpréter. Il s'agit donc d'une « anormalité » méthodologique, comme le démontre E. Bleuler (dans *Dementia praecox*, Vienne, 1911, p. 293, cité dans Laplanche et Pontalis) : « Le schizophrène dans sa prétention ne rêve que de ses désirs ; ce qui pourrait empêcher leur réalisation n'existe pas pour lui. C'est ainsi que des complexes d'idées, dont le lien est plutôt un affect commun qu'une relation logique, se trouvent non seulement formés mais renforcés. N'étant pas utilisées, les voies associatives qui mènent d'un tel complexe à d'autres idées perdent, en ce qui concerne les associations adéquates, leur viabilité : le complexe idéatif marqué d'affect se sépare toujours davantage et parvient à une indépendance toujours plus grande. » La voie est dès lors ouverte à un discours délirant riche de constructions apparemment peu systématisées puisqu'elles

n'obéissent plus à des associations logiques mais à des associations affectives. La construction de la fiction comme l'émergence de notions nouvelles chez Pynchon et Deleuze usent précisément de ce type de formation discursive.

2. On peut ici aussi penser à l'œuvre d'Edgar Poe, et notamment à « William Wilson » qui développe tout le processus de constitution du double, et souligne l'impasse finale du sujet. Les figures féminines des contes de Poe fonctionnent elles aussi comme des doubles inatteignables, de par la différence de sexe bien sûr, mais aussi parce qu'elles se situent de l'autre côté de la ligne de partage entre la vie et la mort. Cela dit, si l'œuvre de Poe décrit et reproduit les mécanismes de la pensée schizophrène, à la différence de Deleuze et de Pynchon Poe ne se sert pas du procédé pour enclencher un autre type d'investigation du sens.
3. Tobie Nathan développe une hypothèse similaire et montre comment la constitution du double psychique, qu'il qualifie d'opérateur, coïncide avec l'accession au langage : « Un opérateur psychique dont le fonctionnement débute très précocement – probablement au moment de l'acquisition du langage, soit dans la deuxième moitié de la deuxième année – et qui continue à assumer un rôle capital dans l'appareil psychique tout au long de la vie. Cet opérateur a pour fonction essentielle de délimiter le sujet en l'opposant à un complémentaire, un double. [...] Tant que la frontière mise en place par l'opérateur "double" est fonctionnelle, le double est perçu comme symétrique, appartenant à l'autre sexe ou à l'autre monde. Si la frontière est brouillée, si la peau est trouée, le double est alors perçu comme identique. Le sujet se sent brutalement expulsé hors de son monde et projeté dans le monde symétrique – de l'autre côté du miroir, dans le monde de la folie ou de la mort. » (1984, p. 9-10)
4. Les rapports entre la paranoïa et la schizophrénie dans *Gravity's Rainbow* sont certes complexes mais n'invalident pas la thèse d'un discours schizophrène général dans la mesure où l'on distingue les plans d'énonciation. En effet la paranoïa est invoquée comme une explication possible par les personnages tandis que le discours schizophrène porte sur la construction du roman, de ses thèmes et de ses personnages.
5. Une telle interprétation rappelle le mythe d'Orphée que Blanchot a développé dans *L'Espace littéraire*.
6. Nous avons vu comment ces systèmes permettaient l'actualisation d'idées. « Une Idée en ce sens, n'est ni une ni multiple : elle est une multiplicité, constituée d'éléments différentiels, de rapports différentiels entre ces éléments et de singularités correspondant à ces rapports » (Deleuze, 1969, p. 356).

Références bibliographiques

DELEUZE, Gilles, & GUATTARI, Félix
1972 *L'Anti-Œdipe,* Paris, Éditions de Minuit.
1980 *Mille Plateaux*, Paris, Éditions de Minuit.

DELEUZE, Gilles
1969 *Différence et Répétition*, Paris, PUF.

LAPLANCHE et PONTALIS
1992 *Vocalulaire de la Psychanalyse*, Paris, PUF.

NATHAN, Tobie
1984 « Le double et la gémellité psychique », *Nouvelle Revue d'Ethnopsychiatrie,* n° 2, Paris, Édition La Pensée Sauvage.

PYNCHON, Thomas
1973 *Gravity's Rainbow*, Londres, Picador.

Hermes Salceda

NOUVELLES IMPRESSIONS D'AFRIQUE DE RAYMOND ROUSSEL DES PROSES À PROCÉDÉS AUX PROCÉDÉS À VERS

1. Les abords de l'îlot : la perversion du paratexte

Dans l'œuvre de Raymond Roussel, elle-même singulière, *Nouvelles Impressions d'Afrique* continue de défendre sa place à l'écart des autres livres. À cet étrange isolement dans lequel le texte se maintient, contribue pour une bonne partie sa structure externe [1], fondée sur un laborieux échafaudage de parenthèses et de notes infrapaginales, appuyé par un pliage assez particulier qui laisse les illustrations au milieu des pages non coupées [2]. Chacun des quatre chants n'est, en effet, composé que d'une seule phrase interrompue par de nombreuses incises qui s'enchâssent les unes dans les autres au moyen de parenthèses et sont parfois reportées en bas de page où elles donnent lieu à l'ouverture de nouvelles parenthèses. Les schémas suivants illustrent l'arrangement des notes et des parenthèses pour le chant I et le pliage utilisé pour les cahiers de *Nouvelles Impressions* :

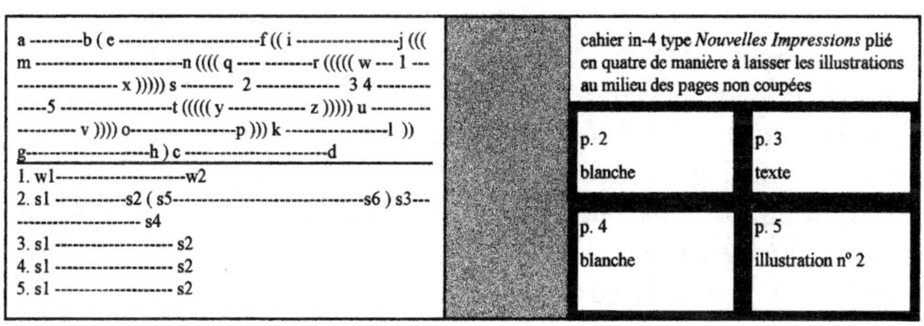

Il est vrai que le caractère spectaculaire d'un tel dispositif suffit à séduire et/ou à rebuter le lecteur. On comprend que les spécialistes aient été davantage attirés par l'apparat de *Nouvelles Impressions d'Afrique,* que par son contenu [3].

Pourtant, aussi inhabituel soit-il, l'arrangement des éléments péritextuels ne justifie pas à lui seul l'isolement du texte : le tout premier paravent derrière lequel l'œuvre se cantonne est bel et bien « Comment j'ai écrit certains de mes livres [4] ». Dans cet épitexte posthume à sa production, Roussel, sans trahir l'annonce de son titre, ne fournit aucune explication positive sur le plus insolite de ses ouvrages [5]. L'auteur y établit surtout une distinction assez tranchante entre les textes à-procédé et les textes hors-procédé, distinction qu'il faudra interroger.

Le péritexte et l'épitexte sont dans ce cas détournés de leur fonction orthodoxe : au lieu d'ouvrir une première porte sur le texte ils dévient le regard sur l'enveloppe et collaborent pour séparer *Nouvelles Impressions* du reste de l'œuvre. Il se crée de la sorte une situation assez contradictoire, dès lors que le titre du livre annonce une suite d'*Impressions d'Afrique*, son premier roman à-procédé, et que l'inclusion dans le même volume de « Mon âme », son premier poème, invite à tendre un pont entre le début et la fin de la carrière de l'écrivain.

Il convient, pour fixer la place de *Nouvelles Impressions d'Afrique* dans la production roussellienne, d'explorer jusqu'au bout les pistes fournies par les deux éléments péritextuels qu'on vient de mentionner. L'enjeu n'est pas sans importance car il en va de l'unité d'une œuvre qui, en raison du caractère hétérogène des différents textes, résiste à être appréhendée par un regard d'ensemble [6].

2. Premier écran : du procédé évolué aux *Nouvelles Impressions*, le non expliqué de *Comment*

Dès son ouverture, « Comment j'ai écrit certains de mes livres » se prétend didactique, Roussel y expose d'une manière à la fois synthétique et très précise les principes de sa méthode d'écriture, son procédé, qui est à la source de la majeure partie de sa production (« Textes-genèse », *Impressions d'Afrique*, *Locus Solus*, *La Poussière de Soleils*, *L'Étoile au front*). Il en distingue les différentes étapes : procédé primitif, amplifié et évolué, et illustre chacune avec des exemples. On ne peut donc que s'étonner du silence sous lequel il passe les ouvrages non redevables au procédé : *La Doublure*, *La Vue*, *Nouvelles Impressions d'Afrique*. Sur les deux premiers il ne donne pratiquement aucune information et pour le troisième il retrace la chronologie de sa composition afin de mieux en souligner les difficultés et par voie de conséquence mettre en valeur sa prouesse personnelle [7].

Rappelons donc que dans le projet initial de 1915, *Nouvelles Impressions* est conçu comme un calque de la *Vue* décrivant « une minuscule lorgnette-pendeloque, dont chaque tube, large de deux millimètres et fait pour se coller contre l'œil, renfermait une photographie sur verre, l'un celle des bazars du Caire, l'autre celle d'un quai de Louqsor » (*Comment,* 34). Mais après s'être employé à cette tâche cinq ans durant, Roussel s'aperçoit « qu'une vie entière ne suffirait pas » à la mise au point des vers et décide d'abandonner ce projet pour investir sept années dans la rédaction définitive de son dernier ouvrage, achevé en 1928 et publié en 1932. Or, l'énorme effort que l'auteur rapporte, contraste avec l'absence d'indications sur l'écriture elle-même, sur les parenthèses, sur les notes, sur le pliage, sur les illustrations, sur la « mise au point des vers ». La contradiction est d'autant plus flagrante que *Nouvelles Impressions* est le seul livre que Roussel ait vraiment tenu à écrire entre 1914 (date de la parution de *Locus Solus*) et 1932, car ses deux pièces de théâtre sont plutôt des textes qu'il se résigne à composer sur le conseil d'amis divers, en vue de gagner la faveur d'un public dont il se sent incompris, que des œuvres auxquelles il tienne. Entre ces deux dates, Roussel, même si sa production est beaucoup plus restreinte qu'avant *Locus Solus,* n'en continue pas moins, avec l'acharnement qui le caractérise, ses recherches scripturales, mais peut-on dire dans quel sens ? En effet, autant le fil qui conduit des premiers contes à procédé jusqu'à *Locus Solus* est facile à saisir, grâce aux explications de « Comment j'ai écrit certains de mes livres », autant le chemin qui mène de son dernier roman aux *Nouvelles Impressions* paraît brousailleux. Deux hypothèses sont possibles : soit l'abandon définitif du procédé qui lui avait servi à produire la grande majorité de ses ouvrages antérieurs ; soit un approfondissement de ses mécanismes productifs qui aurait débouché sur un texte différent. Pour la critique, le danger de la première hypothèse est évident en ce qu'elle implique l'acceptation d'un changement d'orientation assez radical dans l'écriture de l'auteur, dont les coordonnées peuvent rester pour longtemps insaisissables. En revanche, la seconde pose, au fond, l'existence d'une forte cohérence dans l'œuvre dont la construction exige que l'on confronte les mécanismes productifs du procédé à l'écriture des textes hors-procédé, et notamment, de *Nouvelles Impressions d'Afrique*.

3. Deuxième écran : « L'Âme de Victor Hugo » : le retour de l'identique

François Caradec rapporte comment Roussel a décidé à la dernière minute d'inclure le poème « Mon âme » dans le volume de *Nouvelles Impressions* afin d'en augmenter l'épaisseur. Tout en étant juste, l'explication ne paraît pas suffisante dès lors qu'elle ne permet pas de comprendre ce qui a poussé l'auteur à préférer ce texte pour accomplir une banale fonction de remplissage plutôt qu'un des nombreux inédits dont il disposait. Au delà du fait biographique, force est de constater qu'en récupérant le texte avec lequel il avait fait son entrée dans la poésie au moment même où il s'apprête à la quitter, Roussel répète le geste le plus emblématique de son écriture, celui du retour de l'identique. Il reproduit avec une grande fidélité le mouvement de l'écriture à procédé primitif jusque dans les légères variantes qu'il introduit dans l'édition de 1932 par rapport à la version de 1897 [8] : l'en-tête, le titre, et l'avant-dernière rime. P. Bazantay (1987) a donné à ces variantes une interprétation forte : « L'œuvre poétique de Raymond Roussel se place [...] sous surveillance de deux poèmes "presque identiques", "Mon Âme" et "L'Âme de Victor Hugo" qui déterminent les bornes de ce haut exil de l'imaginaire » (p. 34). Ces bornes sont marquées par l'entrée dans la gloire, le titre « Mon Âme » affirmant la foi de Roussel dans son propre génie ; et la fin de cette gloire, le changement devant alors être interprété comme l'impossibilité de maintenir l'identification fantasmatique avec le grand poète admiré : « Dans la seconde version Roussel peut-il encore continuer à jouer le rôle de Hugo ? L'insuccès de sa carrière, insuccès total, tend à prouver que non. Le "Roussel-Hugo" des années de jeunesse se transforme en un anti-Hugo, ou un "contre-Hugo [9]". » S'il est vrai que c'est dans le changement de titre et d'énonciateur de 1897 à 1932 que se tient en grande partie l'aventure de l'imaginaire poétique roussellien, il ne l'est pas moins qu'en réunissant sous la même couverture le premier et le dernier de ses textes, Roussel délimite le périmètre de son œuvre ; il dit en même temps le début et la fin de sa trajectoire d'écrivain et tient aussi probablement à indiquer entre ce début et cette fin une certaine parenté. Cela, malgré les apparences, car on ne saurait imaginer deux textes plus dissemblables : autant l'un paraît impénétrable, autant l'autre s'affiche comme clair et transparent. Leur rapport est du même ordre que celui qu'entretiennent les descriptions des machines de Canterel avec les récits qui leur prêtent une histoire et leur confèrent un sens. On ne saurait pousser l'interprétation jusqu'à soutenir que « L'Âme de Victor Hugo » donne un sens aux *Nouvelles Impressions*, mais il est vrai que l'image de la machine solitaire convient tout à fait à ce dernier en raison de son apparat alors que le premier poème à travers la métaphore du fourneau et de l'usine raconte le processus de la création et ses motivations profondes. Selon Pierre Bazantay, l'auteur a dicté dans « Mon Âme », les grandes règles de son art poétique, au moyen d'un discours toujours réflexif. Aussi l'objet essentiel du poème est-il « de réfléchir sur les conditions relatives à l'exercice de l'activité poétique ». Dans ce but, Roussel est amené à objectiver « son âme » au point d'en faire un véritable « microcosme » pour mieux déserter son œuvre et laisser la poésie seule s'exprimer. « Le retour constant des termes “rimes” et “vers” vient non seulement le rappeler mais en outre délimiter le sens de la poésie à ce qu'elle représente absolument pour Roussel. » L'exclusion du sujet comme lieu originaire d'où émane le sens au profit de la langue est la condition nécessaire pour que l'écriture en général et la poésie en particulier accèdent à un statut de forme pure (Bazantay, 1987, p. 36-39 et p. 49). *Nouvelles Impressions* représente bien, à mon sens, cette forme pure dont Roussel avait fixé, quarante ans plus tôt, le cadre pour son accomplissement.

Par delà les macrostructures récurrentes dans la plupart des textes signés par Roussel, certains thèmes communs au premier poème et à la dernière œuvre confirment que le choix de « Mon âme » pour accompagner *Nouvelles Impressions* comme clôture du parcours de l'auteur ne peut être attribué à un simple hasard. Sjef Houpperman's a proposé un relevé sommaire de ces thèmes qu'il convient d'approfondir :

> L'usine : le côté technique souligné [...] ; – la descente dans le puits, l'abîme ou la mine (voir la descente et la montée des parenthèses) [...] ; les couleurs qui sortent du puits : l'intention première était d'imprimer les NIA en couleurs [...] ; – « L'Âme de Victor Hugo » se termine sur « l'univers » ; la dernière des illustrations des NIA donne aussi l'univers (Houpperman's & P. K. De Jonge, p. 22).

Il faut ajouter à cette liste le thème du feu et celui de la gloire qui tout en étant communs aux deux textes ont dans l'un et l'autre des connotations tout à fait divergentes. Celles du feu de « Mon Âme » sont positives à tous les niveaux. Quand on a 17 ans, les flammes annoncent au monde la naissance d'un nouvel astre poétique ; le feu est à la fois une matière première symbolique toujours euphorique, « foyer aux flammes rougeâtres » qui vomit « ses vers prodigieux », et l'emblème que le génie porte sur son front [10].

De son côté, le chant IV de *Nouvelles Impressions* décline une liste de connotations négatives du feu en énumérant huit types de feux qui s'éteignent. Si « Mon Âme » dit la naissance de la poésie dans un feu qui ne s'éteint jamais, « Les jardins de Rosette » répètent la vieillesse et la mort. Le sens de la série est clairement explicité dès le début :

> 29) – Tout feu s'éteint, en nous comme dans la nature
> 89) Le feu de l'œil s'éteint à l'âge où dent par dent
> 90) Et cheveu par cheveu, sans choc, sans accident,
> 91) Par l'action du temps, sa tête se déleste ;

Le feu de « Mon Âme » exprimait le désir de vivre et la foi du génie en lui-même ; celui de *Nouvelles Impressions* est en revanche marqué par la mort et la maladie :

> 32) L'âge éteint certains feux : jamais las, le cochet
> 33) Prend tout, poulette, poule à point, poule douairière…
> 34) Le coq mûr fait un choix ; les poltrons, au derrière,
> 35) Ont un feu qui s'abstient de survivre au danger [11]
> la fièvre
> 39) Crée un feu qui s'éteint, soit quand le sujet meurt.

Mais le désespoir que transmet la série semble surtout motivé par une perte de la foi en cette gloire qui alimentait le feu de « Mon Âme ». Le génie qui quarante ans plus tôt était hors d'atteinte de tout événement extérieur découvre maintenant sa propre vulnérabilité car même : « 70) [……….] le saint feu du génie […] 82) S'éteint quand l'âge rend son détenteur gaga. »

La franche expression des faiblesses du génie était inimaginable avant *Nouvelles Impressions*. Jamais il ne serait venu à l'esprit du Roussel qui compose *La Doublure* d'associer le génie à des idées négatives telles que la vanité [12] :

70) [.....................] le saint feu du génie
71) (((((Qui rend l'élu touché par lui si vaniteux
72) Qu'il trouve au firmament les vrais astres piteux
73) Auprès de l'astre neuf qui sur son front rayonne

À l'assurance toute naturelle et absolue dans la gloire intérieure et la reconnaissance extérieure qu'exprimait le feu de « Mon Âme », *Nouvelles Impressions* oppose la résignation, puisque l'âge conduit inévitablement à la mort, et l'amertume face à l'indifférence sociale :

83) (((((Feu qui, si grand que soit tel nom, tel pseudonyme,
84) Chez nul n'est reconnu de façon unanime
85) — L'homme n'a pas ainsi qu'un pantin au bazar
86) Son prix collé sur lui ;)))))

On sait pourtant à quel point Roussel lui-même était convaincu du contraire, tellement il lui semblait impensable que le feu du génie, à ses yeux une incontestable évidence, passe inaperçu aux yeux des autres ; n'était-il pas tombé dans une profonde dépression quand, au lendemain de la publication de *La Doublure*, personne dans la rue ne s'était incliné sur son passage. La déception provoquée par cette attente frustrée est aussi exprimée au chant IV dans une liste de huit choses qui se font attendre (elles vont de l'attente du bruit fait par le caillou jeté dans un puits à celle de la fille à maigre dot en quête de mari), l'une d'entre elles étant bien entendu la consécration publique, c'est-à-dire une des manifestations de la gloire :

3) Les hommages publics, – sommité disparue
4) Seule est en droit d'avoir sa statue et sa rue, –

Ces vers laissent entrevoir, explicitement formulé dans *Comment*, l'espoir de la reconnaissance posthume comme seul dédommagement possible des échecs essuyés dans la vie [13]. La même idée se trouve déjà dans une note du chant I :

104) – Le jeune auteur 3, [se demande [14]]
105) Jusqu'à quand ses écrits paraîtront à ses frais 4 ;
note 3
La gloire a l'horreur du teint frais.

note 4
Pour que d'un travailleur les œuvres soient illustres,
Il faut que sur sa tête aient passé force lustres ;
Seul le chêne est prospère, envahissant, ombreux,
Dont le tronc est strié de ronds déjà nombreux.

Dans ces quelques vers, on perçoit bien le rôle capital joué par les rimes qui nous offrent comme un concentré du sens. Roussel exploite ici, comme il le faisait dans ses textes à procédé, les possibilités productrices de mots identiques, ou très semblables, dans leur forme et très différents quant à leur sens pour renforcer la rime non seulement en l'enrichissant d'un point de vue formel mais aussi sur le plan de la signification : le mot « frais » suffit, en effet, à dire la jeunesse de l'auteur et les dépenses pour assurer la publication de ses œuvres et, en même temps, par opposition, que les mots « gloire » et « jeune » ne riment pas ; l'adjectif « illustre », qui suffit à évoquer la reconnaissance publique, ne rime qu'avec « lustre » qui traduit bien une longue attente ; dans les deux derniers vers la même idée est répétée avec les mots « ombreux » et « nombreux ».

4. Troisième écran : un titre décevant

Le titre *Nouvelles Impressions* est le premier élément déroutant pour le lecteur assidu de Roussel puisqu'il donne une clé interprétative qui se révèle vite décevante [15]. En effet, le lecteur, qu'il voie dans l'énoncé *Nouvelles Impressions d'Afrique* un titre thématique (c'est-à-dire indiquant le contenu du texte) ou un titre rhématique (c'est-à-dire renvoyant au texte comme objet) perçoit dès la première page :

– soit une franche inadéquation entre le titre et le contenu du volume qu'il chapeaute, dès lors que les évocations d'Afrique espérées ne vont guère au-delà des quelques vers du début et de l'appareil intertitulaire ;

– soit une contradiction générique entre le mot « Impressions » qui annonce un recueil de souvenirs, et le mot « chant », qui évoque le genre épique. Saisi comme titre rhématique *Nouvelles Impressions d'Afrique* nous met aussi en situation d'attendre de nouveaux exploits d'un autre groupe d'Incomparables. Or l'hypothèse risque de déboucher sur une nouvelle déception, car il n'en est rien.

Cependant, contre toute apparence, la parenté entre les deux *Impressions*, aussi franchement affichée en couverture existe bel et bien, mais elle concerne sans doute moins le contenu des deux livres que leur mode d'écriture. En effet, la reprise, pour un texte poétique, du titre d'un texte en prose traverse la séparation établie dans « Comment j'ai écrit » entre les œuvres à-procédé et les œuvres hors-procédé. *Nouvelles Impressions* s'offre ainsi comme point de confluence entre les deux modes de production textuelle pratiqués par l'auteur. La quatrième note du chant IV, où il est question des mots qui tout en gardant la même forme changent de sens, conforte cette hypothèse. En effet, cette note constitue bien un dévoilement en vers (en rimes) du fonctionnement du procédé à écriture en prose ; sur ce point on ne pouvait demander à Roussel d'être plus clair qu'il ne l'est dans cette référence au **blanc** qui sert de générateur à « Parmi les noirs [16] » et aux *Impressions* – ne pas oublier de replacer *saute* avant la préposition *à* :

> De « grinçant cube en craie » à « civilisé » **blanc**.

Mais les vers ne dévoilent pas seulement ici les secrets de la prose, ils invitent aussi à réfléchir sur leur propre nature, car ils sont bien les premiers à jouer, à la rime, sur le maintien des formes et le changement des sens. En effet, quelques-unes des rimes sont elles-mêmes d'excellents exemples de la façon dont les mots changent complètement de sens en restant tout à fait identiques ou très proches dans leur forme graphique ou sonore – ne pas oublier de replacer le verbe être avant la préposition *dans* :

> 30) « Scientifique choix d'aliments à gâté
> 31) Plaisir » dans *régime* ou « façon dont on se **laisse**
> 32) Par la clique au pouvoir tondre et mener en **laisse** » ;
> 33) « Cri par quoi, l'un soufflant l'autre, un ***alter ego***
> 34) Vous raille » ou « paragraphe influent » dans ***écho** ;*

ou en restant presque identiques :

> 17) Ou « numéro suant le prestige » est dans ***clou***
> 18) « Ce qui, le décrassage aidant, rend le bain **flou** »

Dans certains cas, comme dans les deux derniers vers cités, le mot dont on analyse l'instabilité du sens est savamment placé en fin de vers pour rimer avec un autre presque identique ; Roussel semble indiquer de la sorte les multiples possibilités d'exploiter dans l'écriture les jeux sur la forme et le sens.

La quatrième note du chant IV, en reliant le travail de l'homonymie et de la polysémie à celui de la rime, ne fait que confirmer une parenté d'esprit entre le fonctionnement du procédé et celui de la rime, que Roussel lui-même avait déjà fort bien saisie.

> Ce procédé en somme est parent de la rime. Dans les deux cas il y a combinaison imprévue due à des combinaisons phoniques. C'est essentiellement un procédé poétique. (*Comment*, 23)

Or, cette analogie entre les mécanismes du procédé et ceux de la rime que la note du chant IV met au jour de manière flagrante est exploitée systématiquement dans les *Nouvelles Impressions*. Il suffit pour s'en convaincre de relire le début de « Damiette » dont les quatre premières rimes, « porte-porte/neuf-neuf », constituent une véritable déclaration de principe.

5. L'homonymie généralisée : procédés à proses et rimes à procédés

Nouvelles Impressions est un texte en vers qui entre comme tel dans la série des œuvres poétiques de Roussel (« Mon Âme », *La Vue*, *La Doublure*), mais ce retour au vers comme mode d'écriture, près de trente ans après qu'il l'ait abandonné, ne doit pas être interprété comme un abandon définitif du procédé qui lui avait permis de produire tous ses textes en prose. Le vers et la prose ne sont pas dans l'œuvre roussellienne deux modes d'écriture incompatibles parce que la rime et le procédé loin de s'exclure tendent plutôt à profiter chacun des avancées de l'autre.

Chronologiquement il est clair que le vers est antérieur à la prose et il est fort probable que la découverte du procédé doive beaucoup à l'expérimentation faite sur les rimes, puisque Roussel ne commence à exploiter systématiquement son procédé qu'après la publication de *La Vue* en 1902. Par ailleurs avec la découverte de ses manuscrits et la publication récente de deux de ses œuvres inédites, *La Seine* et *Les Noces*, on a pu vérifier que l'écriture à rimes et l'écriture à vers ont cohabité pendant la période qui va de 1903 à 1907 et que c'est à cette époque qu'il a dû être partagé entre l'une et l'autre voie [17]. Quelles qu'aient été les raisons profondes du choix qu'il a opéré, il est particulièrement intéressant de constater que Roussel composait ses textes en vers suivant une méthode d'écriture qui ne saurait aller sans faire penser au procédé, dans la mesure où l'alignement de séries de rimes précède la composition des vers. On a ainsi retrouvé plusieurs centaines de vers « vides » dont seule la charpente des rimes est mise en place. En voici un exemple trouvé dans les cahiers tenus par Roussel entre le 22 novembre et le 21 décembre 1906 au cours de l'un de ses voyages en Égypte :

il faut un espèce
de salut prompt
portant la main à son front
un ânier le suit
et parfois le rattrape
puis le frappe
avec un bâton court
; pendant qu'il court
[…………..]
un marchand
en robe orange
range
son étalage grand choix
parfois
une femme très grasse
en noir
ne laisse voir
que ses yeux sombres
où bougent les ombres (MF 3024)

Pierre Bazantay, dans son article sur « Claude et Luce » (titre provisoire des *Noces*) tire une conclusion semblable que je cite malgré sa longueur, car elle montre bien l'importance de la mise en place des rimes dans la genèse de l'écriture roussellienne :

> Roussel a laissé l'œuvre en chantier, ce qui autorise une lecture du *work in progress*. Ainsi sur de petits bristols […] Roussel a constitué, au crayon, des listes de mots […] pour les intégrer ensuite à la rime […]. Roussel a procédé également […] en constituant d'abord ces couples de rimes […] pour les injecter ensuite dans le texte. De surcroît, et c'est certainement le plus étonnant, Raymond Roussel n'a pas rédigé *in extenso* chacune des pages du texte. Après l'établissement d'un catalogue de rimes (qui suppose qu'il s'agit d'une technique systématique), des centaines de fiches préparatoires, un canevas est élaboré au crayon […], il s'étend sur trois cents pages […]. Enfin,

> au cours d'une dernière phase, une fois le fil narratif et les rimes déposés dans le texte, Roussel achevait le texte en complétant les alexandrins. (1992, p. 23)

L'abandon du vers en faveur du procédé ne suppose donc nullement un abandon de la rime mais un approfondissement et une exploitation systématiques des aptitudes inventives de mots très proches quant à leur forme et très différents quant à leur sens. De même, le retour à la rime dans les *Nouvelles Impressions* n'entraîne nullement un abandon du procédé. Ce dernier texte offre plutôt une sorte d'inventaire des recherches menées par Roussel sur le mot en vue de la rédaction de ses textes à procédé. Le nombre d'homonymes, de paronymes, d'homographes et de dislocations phonétiques qu'on trouve en position de rime dans *Nouvelles Impressions* me semble à cet égard assez parlant.

5.1. Rimes à procédé primitif et à procédé amplifié

Dans ses deux premières étapes, celle dite primitive et celle dite amplifiée, le procédé de Roussel se fonde sur l'exploration des aptitudes productrices d'homographes ou de quasi-homographes.

Dans les nouvelles à procédé primitif le récit naît du besoin de joindre deux phrases identiques dans leur forme (à une lettre près), mais interprétées dans des sens tout à fait différents. Prenons l'exemple canonique :

> 1- Les lettres du blanc sur les bandes du vieux billard.
> 2- Les lettres du blanc sur les bandes du vieux pillard.

La première phrase ouvre sur un univers fictionnel où il pourrait être question de jeux (les bords du billard usagé) et d'écriture (les lettres tracées à la craie) ; la seconde fait plutôt penser aux aventures de hordes guerrières menées par un bandit âgé, racontées dans ses missives par un homme de race blanche. La diégèse, dans ce genre de conte doit trouver la manière de faire cohabiter ces deux univers fictionnels *a priori* dépourvus de tout rapport.

Avec le procédé amplifié l'exploration des aptitudes inventives du double sens des mots se généralise et le domaine de la phrase est abandonné. C'est qu'il n'est plus question maintenant d'écrire une brève nouvelle mais un roman. Prenons un exemple :

1- Palmier (gâteau) à restauration (pour hôtellerie)
2- Palmier (arbre) à restauration (pour remettre un roi sur son trône) (*Comment,* p.14)

La différence essentielle avec le procédé primitif est, entre autres, que dans le récit engendré par le couple « palmier à restauration » les deux mots ne sont jamais utilisés dans leur premier sens, qui est certes présent dans le texte mais à travers une foule de synonymes et de paraphrases. En combinant plusieurs dizaines de ces paires (cinquante-deux exemples sont donnés dans « Comment j'ai écrit »), Roussel compose *Impressions d'Afrique*.

Force est de constater d'abord qu'en passant du procédé primitif au procédé amplifié Roussel concentre davantage son attention sur les possibilités du mot. Or, une évolution semblable s'observe dans ses rimes à mesure que son œuvre avance. Dans « Mon Âme » les recherches sur la rime sont encore balbutiantes ; on ne compte guère dans tout le poème que six homographes en position de rime : « sens-sens » (p. 143) « bout-bout » (p. 149) « pas-pas » (p. 165.). La même remarque pourrait être faite pour *La Doublure* dont le premier chapitre (quatorze pages de vers) ne comporte que deux homographes en position de rime : « sort-sort/porte-porte ». Enfin, dans *La Vue* la quantité de rimes homographes est aussi très réduite : 5 pour le poème *La Vue* (« pas-pas », p. 14 ; « fin-fin », p. 30 et 39 ; « réjouie-réjouie », p. 56 ; « livre-livre », p. 66), 2 pour *Le Concert* (« fin-fin », p. 89 ; « court-court », p. 106), et 3 pour *La Source* (« pas-pas », p. 128 ; « somme-somme », p. 140 ; « bouche-bouche », p. 140). L'emploi généralisé d'homographes à la rime est spécifique au dernier ouvrage de Roussel comme vont nous le montrer les chiffres. Le nombre total d'homographes est de 60 pour 1 261 vers : 22 pour le chant I, 26 pour le chant II, aucun au chant III et 12 pour le chant IV. En ce qui concerne le chant I (« Damiette »), il est particulièrement significatif qu'il commence par deux rimes à homonymes :

1. Sans doute à réfléchir, à compter cela porte,
2. D'être avisé que là, derrière cette porte,
3. Fut trois mois prisonnier le roi saint !... Louis neuf !...
4. Combien le fait, pourtant, paraît tangible et neuf

Mis à part les homographes, on trouve dans *Nouvelles Impressions* un nombre important de rimes à paronymes telles « solaire/salaire »,

« cuisse/suisse » (chant II) qui renvoient aux matrices des nouvelles à procédé primitif qui naissaient justement de mots dont le sens chavirait par l'altération d'une des lettres (en général la première) tels que « bouton/mouton », « sentier/rentier ». Les données qui suivent montrent à quel point les rimes paronymiques, dont les mots ne se distinguent que par une seule lettre, sont abondantes dans les *Nouvelles Impressions* (je compte les mots, non les paires) : 50 au chant I sur 224 vers, 160 au chant II sur 646 vers, 40 au chant III sur 172 vers, 54 au chant IV sur 219 vers [18].

Dans cette même catégorie de rimes rappelant les formes de production du procédé primitif, on pourrait inclure celles qui jouent sur des mots très semblables quant à leur forme, mais qui se différencient sur plus de deux lettres : par exemple « franchir/blanchir » ou « travaille/trouvaille » (chant IV). On compte 22 rimes de ce type au chant I, 26 au chant IV et 22 au chant III [19].

Relevant toujours des domaines du procédé primitif, une deuxième sous-catégorie pourrait regrouper les rimes portant sur plusieurs mots « presque identiques » qui ont entre eux seulement une lettre ou une syllabe de différence. Dans ces cas, le deuxième terme est la plupart du temps un mot-outil, les exemples sont tirés du chant II :

> 550. – Qu'amène est d'instinct la femme envers son mari
> 551. Plus que la vieille fille envers son canari ;
> 580. – Que si le spécimen noir rare est chez la perle
> 581. Plus que le blanc, de même il en va chez le merle ;

Les rimes de ce genre sont au nombre de 8 pour le chant I ; 4 pour le chant II ; 10 pour le chant III et 3 pour le chant IV.

5.2. Rimes à procédé évolué

Roussel s'apercevant, à mon sens, que le procédé amplifié s'adapte mal à la production d'un roman l'abandonne en cours de rédaction d'*Impressions d'Afrique*. Quoi qu'il en soit, le procédé sous sa forme évoluée témoigne manifestement d'un surcroît d'attention portant sur les transformations matérielles dont sont passibles les mots et les altérations de sens qu'elles entraînent. L'on pourrait donc soutenir que dans son évolution l'écriture de Roussel fait montre d'un matérialisme croissant.

Cela dit, avec le procédé évolué Roussel passe du domaine de l'homographie à celui de l'homophonie à la fois plus souple et plus matérialiste. Dans cette étape du procédé les générateurs de fiction ne sont plus obtenus, comme dans l'étape précédente, par le changement de sens des mots mais par la dislocation phonétique d'énoncés à longueur variable. Par exemple la chanson « J'ai du bon tabac » est décomposée par métanalyse comme suit :

1- *J'ai du bon tabac dans ma tabatière* : jade Tube onde aubade en mat a basse tierce
2- *Tu n'en auras pas* : dune en or a pas
3- *J'en ai du frais et du tout rapé* : jaune aide orfraie édite oracle paie.
4- *Mais ce n'est pas pour ton fichu nez* : mets sonne et bafoue don riche humé.

Ces générateurs engendrent « Le conte du poète et la Moresque », une des anecdotes d'*Impressions d'Afrique* (p. 120-123 et 253-259), où il est question d'un jeune poète épris d'une belle moresque retenue par un riche marchand. Pour gagner le cœur de la fille, l'amoureux lui chante une aubade tous les matins auprès d'un jet d'eau (onde) qui sort d'un tube en jade, en s'aidant d'un porte-voix en métal mat. Le soir, l'amant, quand la fille et son maître contemplent les tons dorés du coucher de soleil sur une dune, les suit et baise les traces de pas de la fille (dune en or a pas). Désespéré, le poète consulte et paye un devin chinois (jaune) qui interprète son destin dans le vol d'un oiseau de proie (orfraie) et lui remet un grimoire (oracle, édite) pour qu'il accomplisse son bonheur. Les deux amoureux parviennent finalement à fuir après avoir administré au marchand un somnifère dissimulé dans un de ses plats (mets) préférés dont les émanations (don, humé) suffisent à endormir l'époux bafoué. Les amants s'éloignent pendant que le plat, grâce à une incantation, émet un son de cloche (sonne) indiquant ainsi que le marchand n'est pas réveillé.

Remarquons d'abord que les dislocations proposées par Roussel ne sont pas d'une teneur égale. Celle des deux premiers exemples est assez claire ; en revanche pour la troisième, l'énoncé de départ n'est pas facile à reconnaître : jen-aid-u-frai-s-etdut-out-râ-pé. On accepte qu'il ait tiré jaune, aide et paye ; mais comment remonter la chaîne qui conduit à orfraie, édite et oracle ?

On observe dans les rimes de *Nouvelles Impressions* une semblable recherche de l'isomorphisme sonore maximal entre les mots qui va de l'homophonie pleine (coq/Koch, maire/mère, chant III) à la dislocation phonétique plus ou moins approximative (de part/départ, chant I) portant éventuellement sur plusieurs mots du vers (le goût du célibat/du mari saoul qui bat, chant IV).

Les homophones pleins sont au nombre de 18 pour « Damiette », 18 pour le chant II, 4 pour le chant III et 6 pour le chant IV.

Par dislocation phonétique sont obtenues 6 rimes au chant I, 24 au chant II, 16 au chant III et 16 au chant IV.

Ce sont surtout les dislocations portant sur plusieurs mots qui m'intéressent ici, dans la mesure où elles permettent d'apprécier très clairement les répercussions évidentes des recherches scripturales menées par Roussel pour les textes à procédé évolué. En voici quelques exemples à mon sens très parlants :

chant I
92) – Le lait chaud par l'attente attiédi *dans son pot*,
93) S'il choira dans la tasse avec ou *sans sa peau* ;
chant II
Sous les tropiques, pour *une chauve-souris*,
Un vampire ; – la carte où, *chassant nos souris*,

Un cavernaire arceau, par *le couchant rougi*,
À stalactite unique ; – un *lac de sang surgi*
chant III
103) Soit qu'on prépare une eau – poison *dont rien ne sauve*
104) Le microbe sournois chargé *de rendre chauve* –

17) L'individu qu'écrase un *nom à particule*
18) Que : – l'instable ataxique *à son pas ridicule* (note 1)
chant IV
9) (Une au cœur faible en qui *le goût du célibat*
10) Fut formé par la peur *du mari saoul qui bat* (note 6)

Comme dans les textes à procédé primitif engendrés par des phrases presqu'identiques, la proximité des formes évoque, dans ces rimes, tout un univers de sens : rapprocher « le goût du célibat et du mari saoul qui bat » suffit à suggérer ce que les vers explicitent ; par leur voisinage « le couchant rougi » et le « lac de sang surgi » éveillent tout un récit ; dans le premier exemple du chant II, le rapprochement crée plutôt un effet humoristique puisque la chauve-souris se voit attribuer les fonctions du chat ; dans le second exemple du chant III l'individu qui porte un nom à particule se voit aussi attribuer, par la ressemblance des formes, un pas ridicule d'ataxique.

Les ouvertures de signification des vers sont possibles parce que, de *La Vue* aux *Nouvelles Impressions,* la rime réinvestie par les recherches faites pour les textes à procédé est devenue une contrainte forte à laquelle le contenu des vers et leur syntaxe, soumise à toute sorte de contorsions, doivent se plier. Là encore, les manuscrits ont valeur de preuve. F. Caradec a publié dans la révision de sa biographie de Roussel un extrait des notes prises par Roussel pour les *Nouvelles Impressions* où l'on voit au prix de quels efforts ce dernier adaptait les vers aux rimes préalablement décidées. Le passage correspond aux vers 154-155 du chant I :

En selle le *l'oisif épris de vénerie* (,)
Lançant (,) magister de
        plein de souffle
Lançant du haut de sa selle
        cambré le cor pris pour un
Sans marchander paye en maître de sa
Tout équipé le cor prêt pour la
        martiale (,) lançant en selle
                                        personne
En train de lever *en selle une sonnerie* (;) (p. 363)

La ressemblance entre rimes citées et les dislocations pratiquées pour les générateurs des histoires à procédé évolué est assez évidente : la transformation « nom à particule » : « son pas ridicule » est du même ordre que « tu n'en auras pas » : « dune en or a pas ». Il est fort probable que la dislocation des formes lexicales par des homophonies approximatives soit devenue chez l'auteur la forme habituelle de génération de ses textes. C'est du moins ce que semblent indiquer les pages de notes retrouvées où à partir d'un seul vers Roussel multiplie les associations homophoniques :

Comme si choisissant la seconde opportune
Coma chinoise missile aztèque *Europe* rétine
junior   mastic   scrutin
chromo assignat oculi stock   *Europe* aparté
        Eginhard
cosmos vésanie macule six chasseresse cubaine
ramasse fer jaunit mas choeur civil
Comines visa lémure sire sécheresse lopin
rameau fer jaunit mas choeur civil (Caradec, p. 379)

6. Recadrage

On ne saurait en conséquence envisager les *Nouvelles Impressions* comme une sorte de coupure dans l'œuvre de Roussel. Le renforcement de la rime comme contrainte témoigne plutôt d'un travail sur la forme des mots tout à fait cohérent avec les transformations successives du procédé. De même que les phrases presque identiques disposées aux pôles des récits de jeunesse exhibaient la productivité de la méthode employée, les rimes « enrichies » soulignent le caractère poétique du texte dans son aspect le plus matériel, comme fruit des multiples manipulations dont sont susceptibles les mots et les significations qui en surgissent.

Roussel semble inverser dans *Nouvelles Impressions* la technique d'écriture utilisée pour *La Doublure* où la rime servait en quelque sorte à poétiser la prose comme si cela pouvait suffire à doter d'une allure poétique les vers les plus plats. Maintenant, la rime apparaît comme une donnée préalable qui détermine la métrique autant que la syntaxe de la proposition.

L'effet le plus surprenant de ce nouveau statut de la rime dans *Nouvelles Impressions* concerne sans doute le contenu du texte lui-même. Les histoires farfelues et les minutieuses descriptions de jadis cèdent ici la place à une sorte de réflexion philosophique sur la nature de l'homme, sur l'ordre du monde et, en premier lieu, sur les rapports de la langue à la réalité. Le texte ne cherche plus maintenant à coller l'une sur l'autre la langue et les choses mais à utiliser la première pour évoquer les secondes et cela en appliquant au domaine poétique le principe d'économie si cher à son procédé par lequel il s'astreint à rapprocher les uns des autres les objets du monde avec le moins de mots possible.

Université Autonome de Barcelone

Notes

1. On désignera cette structure avec plus de précision au moyen de la notion de paratexte défini par G. Genette comme « ce par quoi un texte se fait livre et se propose comme tel à ses lecteurs ». Le paratexte peut être spécifié en épitexte et péritexte : l'épitexte est constitué de « tous les messages qui se situent, au moins à l'origine, à l'extérieur du livre » (interviews, lettres, confidences, etc.) ; et le péritexte est formé par un ensemble hétérogène d'éléments linguistiques ou iconiques distribués autour du pavé de texte dans

l'espace du même volume. (Voir G. Genette, *Seuils*, Seuil, Paris, 1987, p. 7-10.)

2. Ma description se rapporte à l'édition Lemerre de 1932 (pour une analyse plus détaillée on se reportera à François Caradec, « La machine à imprimer Roussel », *Bizarre*, n° 34-35, 1964), non à l'actuelle édition Pauvert qui a regroupé toutes les illustrations après le texte. La première intention de Roussel était d'utiliser un jeu de couleurs au lieu des parenthèses. Cette idée de Roussel s'est concrétisée dernièrement dans la traduction hollandaise de Sjef Houpperman's (Oorschot, 1997). Un autre intérêt de l'édition hollandaise est d'avoir réuni dans le même volume les deux *Impressions*, les premières dans la traduction de Marij Elias. Sjef Houperman's a commenté cette traduction dans « La traduction en néerlandais des *Nouvelles Impressions* d'Afrique de Raymond Roussel », *Formules*, n° 2, 1998.
3. Parmi les études consacrées au péritexte, on se reportera à : J. Ricardou (« L'activité roussellienne », *Pour une théorie du Nouveau Roman*, Seuil, « Tel Quel », Paris, 1971), J. Kristeva (« La productivité dite texte », *Semiotikè, recherches pour une sémanalyse*, Seuil, « Tel Quel », 1969), S. Houpperman's (« *Nouvelles Impressions d'Afrique*, cadre et encadré », *Littérature,* n° 53, 1984 et « La note Roussellienne », *Urgences,* n° 32, mars 1991), H. Salceda (« Cases et folios », P. Bazantay & P. Besnier, *Raymond Roussel, perversion classique ou invention moderne* ?, Presses Universitaires de Rennes, 1993).
4. Dorénavant j'utiliserai l'abréviation *Comment* pour l'œuvre posthume *Comment j'ai écrit certains de mes livres* et « Comment j'ai écrit » pour la partie didactique. Toutes les références paginales aux œuvres de Roussel renvoient, sauf indication du contraire, à l'édition Pauvert.
5. Le fait est d'autant plus surprenant que la composition de chacun des vers de *Nouvelles Impressions d'Afrique* est censée lui avoir coûté 15 heures de travail.
6. Disons à titre d'exemple que l'essai de Michel Foucault (*Raymond Roussel* Gallimard, Paris, 1963) reste la seule étude à avoir traité de tous les ouvrages de Roussel sans exception.
7. Quelles que soient les raisons qui ont poussé Roussel à expliquer seulement certains de ses livres, il n'avait vraisemblablement pas prévu qu'il provoquait de la sorte un basculement important pour les lectures à venir. Dès lors, seules les œuvres « **à-procédé** » dont la stratégie dévoilée par l'auteur offrait un repère sûr ont fait l'objet d'études de la part d'une critique qui a, sans doute, trop pris Roussel au mot. Sont restées en partie ignorées les œuvres « **hors-procédé** » et donc les *Nouvelles Impressions*. Cela a eu comme effet secondaire qu'on ne se soit guère inquiété des rapports entre l'écriture des *Nouvelles Impressions* et celle des autres livres, exception faite

des travaux de J. Ricardou et J. Kristeva : encore ces deux auteurs négligent-ils de parler de *La Vue* et de *La Doublure*.

8. « L'Âme de Victor Hugo » avait effectivement paru dans le *Gaulois du Dimanche* le 12 juillet 1897, mais sous le titre « Mon Âme ».
9. Voir Pierre Bazantay, 1987, p. 65. Ce même raisonnement explique aussi la fausse rime de l'avant-dernière strophe, dans laquelle Hugo est venu remplacer Roussel. Encore que l'ambiguïté se révèle à cet endroit plus difficile à lever, car, même si Victor Hugo prend la place de Roussel, la modification est pour ainsi dire inachevée dès lors que demeure la rime précédente, qui réclame pour compléter le quatrain un mot en *el*. Le choix n'est pas commode entre la reconnaissance de l'échec poétique personnel ou la superposition des deux noms : Roussel devenant en ce lieu de l'écrit l'équivalent *in-absentia* de Hugo.
10. « Sur mon passage on se prosterne// De tous les côtés devant moi.//[…]C'est toute une foule qui paye// Pour voir cette âme où tout rougit, » (*Nouvelles Impressions,* 131). « La foule internationale,// Dans un recueillement muet,// Regardant la flamme infernale,// Croit d'un songe être le jouet. » (*Nouvelles Impressions,* 141)
11. On aura sans doute remarqué au passage que Roussel réinterprète ici à sa façon deux expressions figées très proches par leur forme mais très différentes quant à leur signification : « avoir le feu au cul » et « avoir le cul en feu ».
12. Parmi les aspects négatifs de la gloire, l'envie qu'elle provoque chez ceux qui l'attendent et qui ne l'atteignent pas occupe une large place qui est évoquée au chant II et au chant IV : 14) Quand un juste succès remporté par un autre// 15) Eut l'approbation d'un de ces envieux// 16) Qui, sourdement sans percer se font vieux, (II). 17) L'envieux ((((dont les nuits cessaient de couler calmes// 18) Au vu d'un nom ami dans la liste des palmes// 20) Quand, non moins célébré qu'en France à l'étranger,// 21) Un confrère – à l'en croire une franche savate –// 22) Voyait se transformer sa rosette en cravate))))// 23) Se fait au sentiment du montage d'autrui ; (IV).
13. Mais à en croire la première note du chant III les échecs de jeunesse sont la rançon même du génie (lire : on est sûr de reconnaître) : « 24) – Un génie immense à surnaturel apport// 25) À l'historique affront qu'à son aube il essuie// 26) Avant de faire école et de passer messie »
14. La question du jeune auteur reprend celle du peintre qui était posée quelques vers auparavant : « 98) – Le peintre méconnu, si, du haut des étoiles,// 99) Mort, il verra les snobs se disputer ses toiles ; »
15. Car il ne satisfait pas la deuxième des fonctions que Genette, reprenant en cela De Hoek et Grivel, attribue à l'énoncé titulaire : 1) identifier l'ouvrage, 2) désigner son contenu, 3) le mettre en valeur. Par la suite le critique affinera sa taxonomie pour distinguer : « la fonction de désignation, ou

d'identification », « la fonction descriptive, elle-même thématique, rhématique, mixte ou ambiguë », « la fonction connotative », « la fonction connotative » et « la fonction séductive ». (G. Genette, *op. cit.*, p. 73, 75, 88 et 89, voir aussi Charles Grivel, *La Production de l'intérêt romanesque*, Mouton, La Haye, 1973. Leo H. Hoek, *La Marque du titre*, Mouton, La Haye, 1981.)

16. M. Foucault était pour sa part convaincu que cette note dévoilait bien d'autres générateurs employés dans les *Impressions* et non donnés comme exemples dans « Comment j'ai écrit... ». Nous citons cette hypothèse uniquement à titre de possibilité non vérifiable : « On reconnaît facilement dans quels textes les mots mentionnés ici ont joué de leur sens dédoublé : *clou* et *bâton* dans deux récits de jeunesse ; *repentir* dans *Nanon* ; *éclair* a peut-être servi à foudroyer Djizmé ; *révolution* a fait tournoyer toute une portée de petits chatons pris dans les tentacules d'une méduse hystérique (chatons à révolution. ; la *suite* (à pages) a organisé le défilé de Talou ; le *savon* a servi au tour d'adresse de Fogar ; l'*écho* a fait chanter en cœur toute l'osseuse famille de Stéphane Alcott. » (M. Foucault, *op. cit.,* p. 184-185.)
17. On ne saurait dire si c'est l'échec de ces deux œuvres monumentales que sont *La Seine* (Pauvert-Fayard, Paris, 1994) et *Les Noces* (Pauvert-Fayard, Paris, 1998, deux vol.) qui a poussé Roussel à préférer, pour l'avenir, les modalités de production du procédé à celles de la rime. Ne serait-ce qu'à titre d'hypothèse, l'on pourrait avancer que l'écriture à rimes telle qu'elle est pratiquée par Roussel à cette époque (plus proche de la prose que du poème) ne lui permet pas de créer des textes qui soient un pur fruit de l'imagination et ne doivent rien au monde réel, suivant son ambition affichée dans « Comment... ». En passant de la rime au procédé, Roussel change le type de texte qu'il produit puisque les romans en vers et les longs poèmes de *La Vue* sont tous des textes descriptifs alors que le procédé va lui permettre d'écrire des fictions.
18. Suivant en cela Roussel lui-même, je déroge à la règle suivant laquelle n'auraient dû être inventoriés que les mots dont la différence porte sur une seule lettre pour les doubles consonnes. Des rimes comme *pilule/pullule* sont donc considérées comme n'ayant entre elles qu'une seule lettre différente, comme l'étaient aussi dans les « Textes-genèse » les mots *sonnettes* et *sonnets.*
19. Le nombre de rimes de ce type au chant II est très élevé et le comptage précis n'apporterait pas d'éléments nouveaux à l'analyse.
20. L'ensemble des manuscrits de Roussel déposés à la Bibliothèque Nationale en 1989 est à la portée des chercheurs depuis 1991 ; il est regrettable cependant qu'à ce jour on ne puisse pas encore avoir accès aux notes des *Nouvelles Impressions.*

Références bibliographiques

BAZANTAY, Pierre

1987 *Archéologie d'un fait littéraire,* thèse d'État, Université de Rennes.

1992 « *Claude et Luce*, un mélodrame inachevé », *Revue de la Bibliothèque Nationale, Découvrir Raymond Roussel*, n° 43, Paris, Armand Colin.

CARADEC, François

1997 *Raymond Roussel*, Paris, Fayard.

HOUPPERMAN'S, S. & DE JONGE, P. K.

« Cadre et encadré », *Littérature,* n° 53.

ROUSSEL, B. Raymond

Notes prises durant un voyage en Égypte 22 Nov-21 Déc, 1906. Un carnet, *Fonds Roussel*, MF 3024.

Andrew Eastman

LA POÉTIQUE DE LA CITATION DANS *"A"* DE ZUKOFSKY

Le poète américain Louis Zukofsky a inventé une poétique de la citation, spécifique à son activité poétique et distincte des techniques du « collage » qui ont été associées à la poésie en langue anglaise du XXe siècle, en particulier à celle des *Cantos* de Pound. Le travail de la citation dans l'œuvre de Zukofsky intéresse en premier lieu le statut du sujet dans son discours. Sa pratique de la citation est l'invention d'une figure du sujet, l'invention d'un rapport au langage et à l'histoire. Elle est à la base de deux œuvres majeures : d'une part son long poème *"A"* en vingt-quatre parties, « poème d'une vie » commencé en 1928 et achevé en 1974, et dont le titre même, avec ses guillemets, fonctionne comme un emblème de la citation ; d'autre part, son ouvrage critique *Bottom : On Shakespeare*, que Zukofsky considérait également comme un poème, traversée, à partir de Shakespeare, de la philosophie et de la littérature occidentales.

C'est en partie cette pratique de la citation qui, pour beaucoup de poètes et critiques contemporains, fait la valeur de l'œuvre de Zukofsky. En raison même de sa composition citationnelle, la poésie de Zukofsky a été prise pour l'exemple même d'une écriture asubjective, critique d'une poétique centrée sur la *persona* ; ainsi un commentateur récent, le poète américain Bob Perelman, note à propos de l'œuvre de Zukofsky que « *language as a system is more important than any singular track left by th e poet* » (p. 171). Il glosait ainsi la remarque par laquelle le critique Hugh Kenner commençait sa présentation de *Prepositions*, un recueil d'essais critiques de Zukofsky : « *Anything you can write is already somehow immanent in the language.* » (*Prepositions*, p. vii.)

Pourtant, Zukofsky motivait ainsi le recours à la citation dans son œuvre, dans un passage de *"A"*-13 où il citait *A Midsummer Night's Dream* :

> If I quote it is myself I have seen
> Coming back to learn conveniently from one book :
> *It is not night when I do see your face.*
>
> (*"A"*, p. 296)

La citation dans l'écriture de Zukofsky serait ainsi la pratique d'une théorie de la lecture comme expérience de l'historicité radicale du langage, l'expérience d'un devenir-sujet à travers l'autre. Plutôt qu'une mise en cause de la subjectivité, elle correspondrait à une modalité de celle-ci. Ainsi envisagée, la pratique de la citation impose d'étudier comment les citations fonctionnent dans le texte du poème.

La poétique de la citation chez Zukofsky est à plusieurs titres paradoxale. Il y a d'abord le fait qu'un assez grand nombre des citations sont aussi des traductions. Dans *"A"*, Zukofsky n'hésite pas à attribuer directement un texte traduit à l'auteur du texte original ; *Bottom : On Shakespeare* efface la plupart du temps les références aux traductions et aux éditions citées. Tout se passe comme si, incorporant des morceaux d'autres textes à son discours, Zukofsky s'intéressait autant à la traduction qu'au texte original. Sa pratique de la citation met à jour des strates d'historicité, travaillant autant sur les modes de traduire que sur le sens traduit.

Autrement problématique est la manière dont les citations sont appropriées et intégrées dans le texte du poème. Certains passages de *"A"* comportent une véritable réécriture de textes anciens. Un passage de *"A"*-12, qui incorpore des fragments traduits de *De Rerum Natura* (p. 185-187) et qui est repris entre guillemets pour être attribué à « Carus » dans *Bottom*, s'avère n'être qu'un amalgame de morceaux tirés du texte de Lucrèce, sans statut textuel authentique. Dans *"A"*-13, une série de fragments empruntés à une traduction du traité des *Parties des animaux* d'Aristote est introduite sans guillemets, et signalée uniquement par le titre de l'ouvrage. Encore est-ce là un fait exceptionnel : la plupart du temps, les références manquent.

En même temps, les citations se prêtent à un travail de reformulation syntaxique et rythmique, qui joue notamment sur les effets de la « mise en vers » sur la discursivité de la prose. La syntaxe d'une citation du traité des *Parties des animaux* donne un exemple de ce travail de réécriture :

Brain is the cause of sleep
Why drowsy persons

Hang the head

("*A*"-13, p. 270 ; v. 56-58 [1])

La traduction citée portait « *It is the brain again, – or, in animals which have no brain, the part analogous to it, which is the cause of sleep. [...] (which is the reason that drowsy persons hang the head)* » (Ogle, p. 36). La version de Zukofsky frise l'agrammaticalité : à la fois par la construction sans article Ø *Brain* et par la construction sans subordonnant Ø *Why drowsy persons [...].* Cette syntaxe est déterminée par la rythmique généralisée de la première partie de "*A*"-13, qui met continuellement en première position dans le vers des monosyllabes accentués. Dès lors que la citation s'est organisée en rapport avec la rythmique du texte alentour, il ne s'agit plus de citation à proprement parler, mais d'un travail d'appropriation par lequel le texte rapporté est motivé, subjectivé, par le système qui l'intègre.

Ce travail de la « mise en vers » sur la citation aboutit à d'autres effets de sens. Le vers de deux mots que Zukofsky pratique dans "*A*"-14 fait à la fois une démonstration de la rythmique de Milton et une démonstration des propriétés rythmiques du vers :

till over
wrath grace
shall abound

("*A*"-14, p. 324)

Reprenant deux vers de *Paradise Lost* xii (p. 477-478) : « *To God more glory, more good will to Men/From God, and over wrauth grace shall abo und* », le vers « *wrath grace* » produit un conflit maximal avec la syntaxe de la phrase, puisque ses deux éléments appartiennent à des syntagmes différents ; mais les deux noms que le vers rassemble, deux monosyllabes accentués qui commencent par (consonne +) \r\, résument en eux-mêmes toute l'histoire des rapports entre Dieu et l'homme. La « réécriture » de Milton, effet d'une rythmique, est en même temps une pratique de la critique, l'écriture d'une lecture.

Citation et traduction fonctionnent ainsi comme un moyen de travail sur la langue anglaise et comme un mode d'oralité dans la poésie de Zukofsky, ce terme étant à prendre avec la valeur que lui donne Henri Meschonnic, comme « le primat du rythme et de la prosodie dans le sémantique, dans certains modes de signifier, écrits ou parlés » (*Les États de la poétique*, p. 125). Se pose alors le problème de la fonction dans le discours de Zukofsky de ce qui ne s'identifie plus exactement à une citation, mais plutôt à la reprise et à la réécriture d'un texte existant, étranger ; réécriture indissociable du travail sur l'unité vers dans *"A"*.

La poétique de la citation dans *"A"* en fait en quelque sorte un « livre à travers d'autres », un livre de lectures et une écriture de lectures. J'essayerai de montrer, par une analyse détaillée, comment le travail de l'oralité chez Zukofsky s'articule sur la reprise de textes du passé, et comment ce travail de réécriture détermine une position ou attitude énonciative ; et donc que la traversée des discours du passé est le mode de la production de la subjectivité dans le discours poétique de Zukofsky, plutôt que, comme on a pu le dire, une forme d'auto-dissolution dans l'histoire ou dans le système de la langue.

Aristote dans "*A*"-13

Je vais essayer de travailler sur le fonctionnement de la citation chez Zukofsky à partir d'un exemple précis, qui a le mérite d'être signalé dans le texte. Il s'agit de la citation de passages du traité des *Parties des animaux* d'Aristote, ou plutôt de la traduction de cet ouvrage publiée par William Ogle en 1882, intitulée *On the Parts of Animals*. Ces passages figurent sur plusieurs pages de la première partie de *"A"*-13, texte écrit en 1960. Travaillant à partir de la traduction de Ogle, Zukofsky aborde la science naturelle d'Aristote, c'est-à-dire un savoir ancien, périmé, « daté », à travers un anglais lui-même déjà « daté ».

Plusieurs aspects du travail scientifique d'Aristote dans *On the Parts of Animals* ont pu attirer l'attention de Zukofsky. Il y a d'abord l'analogie réitérée chez Aristote entre la nature et l'« art ». L'« art » (*tekhnè*), notion qui recouvre les savoirs pratiques autant que l'art au sens moderne, qui comprend l'art du médecin et l'art de l'architecte, y sert constamment de modèle à la conception de la nature, et donc à son étude. Ainsi, Aristote affirme, dans la version de Ogle : « *Everything that Nature makes is means to an end. For just as human creations are the products of art, so living objects are manifestly the products of an analogous cause or principle, not external but internal* » (traduction citée, p. 8). Reformulant un passage de la traduction de Ogle, le texte de Zukofsky redit ce rapport :

The infant laughing to its parent
Theory starts with that which is
Nature and art with what is to be
("*A*", p. 269 ; v. 7-9).

Le rapport entre nature et art renoue ainsi avec un motif récurrent dans "*A*", introduit dès le début du poème, et qui inscrit la pratique artistique et le langage dans la nature. Ainsi, dans "*A*"-2, on lit : « *The music is in the flower,/ Leaf around leaf ranged around the center* » (p. 7). Un passage de "*A*"-6 subordonne la création du poète à la nature :

He who creates
Is a mode of these inertial systems –
The flower – leaf around leaf wrapped
around the center leaf [...]
(p. 23)

De la même façon, un essai de 1962, écrit à l'occasion d'une nouvelle publication de ses premiers poèmes, notait qu'avec le temps, « *the personal prescriptions for one's work recede, thankfully, before an interest that* nature as creator *had more of a hand in it than one was aware* » (*Prepositions*, p. 168). Dans la suite de ce texte, Zukofsky comparait ses poèmes à des objets naturels – « objets trouvés » – qui auraient pris l'aspect de sculptures. (À la différence de Zukofsky, Aristote distingue nettement l'« engendrement » artistique et les processus naturels ; on peut se reporter à ce propos à l'*Éthique à Nicomaque*, vi, iii, 4.)

Mais il y a un autre aspect du rapport entre art et nature posé par Aristote qui motive la citation du traité des *Parties des animaux* dans "*A*"-13. Comme le laissent entendre l'expression « *what is to be* » et le vers « *The infant laughing to its parent* », le rapport entre nature et art est médiatisé, chez Aristote, par le problème de la génération. C'est en fonction de la génération que l'art et la nature sont assimilés. Contre Empédocle, pour qui tout proviendrait du hasard des combinaisons de la matière, Aristote soutient que la génération des animaux démontre l'existence d'une cause finale. Ainsi lit-on dans la traduction de Ogle :

> Again, wherever there is plainly some final end, to which a motion tends, should nothing stand in the way, we always say that such a final end is the aim or purpose of the motion ; and from this it is evident that there must be something really existing, corresponding to what we call by the name of nature. For a given germ does not give rise to any chance living being, nor spring from any chance one ; but each germ springs from a definite parent and gives rise to a definite progeny. (p. 8)

De même, c'est par le processus circulaire de la génération que les organismes du monde « sublunaire » atteignent à l'éternité, non individuellement, mais en tant qu'espèce. La réflexion sur la génération chez Aristote rencontre une thématique caractéristique de la deuxième moitié de *"A"*, celle de la vie familiale. Cette thématique est particulièrement active dans la première partie de *"A"*-13, qui se présente comme une série de conseils qu'un parent adresse à son fils, touchant notamment les sujets de l'amour et du mariage.

Un autre aspect du rapport à Aristote dans *"A"*-13 concerne la notion d'analogie, qui est à la base du travail scientifique d'Aristote. Les principes mêmes par lesquels Aristote définit l'histoire naturelle sont analogiques : c'est l'analogie de la nature avec l'art qui permet d'énoncer et d'asseoir la théorie de la cause finale, la cause en vue de quoi quelque chose se produit. Par rapport au traité de l'*Histoire des animaux*, consacré au rassemblement des faits, le traité des *Parties des animaux* entreprend un travail théorique de mise en ordre qui, en cherchant à indiquer pour les parties la fonction ou la cause en vue de quoi elles ont été formées, s'organisera par l'étude des parties et de leurs analogues dans chaque espèce plutôt que par l'étude des espèces prises une à une. Une trace de ce travail apparaît dans un des passages cités par Zukofsky où on lit :

> A small bird has nothing fairly called
> A nose, a beak for jaws
>
> (v. 49-50 ; Ogle, p. 51)

Le travail de l'histoire naturelle conduit Aristote à constater des analogies de forme et de fonctionnement entre les espèces animales ; l'analogie est un principe de classement dans le traité (« *Groups whose attributes are not identical but analogous are separated* » [Ogle, p. 14-15 ; 644a 21]). Mais l'analogie n'est pas simplement une modalité de classement ; elle est en même temps le mode de l'énonciation du discours de l'histoire naturelle chez Aristote. Aussi bien la série de citations que Zukofsky tire de *On the Parts of Animals* (*"A"*, p. 268-271) s'organise-t-elle comme un recensement d'analogies, dont voici quelques exemples :

> Hind legs of grasshoppers
>
> Tho never the front seem to remember
> The two long stem oars
> By which a ship is steered
>
> (v. 36-39 ; Ogle, p. 109)
>
> The elephant clasps with
> Nostril as a hand,
> In water as with a diver's bell
>
> (v. 46-48 ; Ogle, p. 50-51)

On peut noter que dans ces deux exemples, l'analogie consiste à comparer l'animal à un produit du savoir-faire – de l'art – humain. L'analogie est ainsi chez Aristote la poétique de sa démonstration, et résulte directement des prémisses de son étude.

La pratique de la citation dans *"A"*-13 apparaît donc comme un travail de lecture et d'interprétation, à la fois du traité d'Aristote et de la traduction de William Ogle, qui vise une poétique de la science. Zukofsky avait évoqué le rapport entre poésie et science dans un essai de 1946 intitulé « *Poetry/ For My Son When He Can Read* ». Il y associe les sciences de la nature et l'écriture du poème comme des activités de mesure, se différenciant par le fait que, devant ce qu'il appelle « *the physical intricacies of fact* » (*Prepositions*, p. 7), les marges de tolérance admises en poésie sont plus fines et plus compliquées que dans les sciences. Le rapport au langage dans les sciences et dans l'écriture du poème fait que, dit-il, « *the most complicated standards of science – including definitions, laws of nature and theoretic constructions – are poetic* » (*ibid.*). La citation passe ainsi par une reconnaissance de l'historicité des discours scientifiques, reconnaissance de ce par quoi ils restent actifs, en dépit des déplacements du savoir.

Le travail de réécriture

Commentant le début de *"A"*-13, Peter Quartermain, un critique qui a accordé beaucoup d'attention à l'œuvre de Zukofsky, notait : « *We cannot see how one line – or one section – leads to or arises from another* » (p. 98). Il en concluait que le texte était « *deliberately baffling* » (*ibid.*), en affirmant qu'un poème, pour Zukofsky, « *must have* no point » (*ibid.*). Étant donné la « difficulté » de ce texte de Zukofsky, on pourrait parfaitement penser que les citations d'Aristote n'y figurent que par l'effet de quelque hasard de lecture, ou simplement par plaisanterie. Il est clair qu'elles y tiennent une fonction de désassertion et de distanciation, qui prend à rebours la conception du poème comme expression du moi. Il est cependant remarquable que les textes cités, comme on l'a vu, proposent une représentation de la nature qui en exclut l'aléatoire. En partant d'une conception du langage comme activité historique, irréductible aussi bien à la nature qu'au hasard, j'essayerai de montrer que les citations procèdent d'une pratique signifiante, qu'elles appartiennent au système du texte, qu'elles sont inséparables de sa prosodie, c'est-à-dire de son « organisation vocalique-consonantique », selon la définition de Henri Meschonnic (*Pour la poétique*, p. 77) ; et donc que le fonctionnement sémantique de la citation dépasse l'intention, tout autant que l'arbitraire et le ludique, ouvrant ainsi sur l'activité d'un sujet.

Comme il a été indiqué, la pratique de la citation chez Zukofsky comporte un véritable travail de réécriture. La mise en vers entraîne le passage à une autre syntaxe, une syntaxe rythmique. La réécriture de Zukofsky procède en retranchant du texte de Ogle les mots de liaison, pronoms relatifs, copules, marqueurs d'argumentation et déterminants. Elle conduit ainsi à poser, souvent en début de phrase, un groupe nominal en fonction de « thème » auquel fait suite un autre groupe nominal sans que les deux groupes soient liés par une copule. Une des tendances rythmiques du texte consiste à construire le rapport entre sujet et prédicat, en l'absence de la copule, par la division en vers. Syntaxe rythmique, ce rapport se construit en fonction de la fin de vers ou de strophe. C'est ainsi que dans la phrase « *Sponges//Virtually plants and/Not much more* » (v. 18-20), réécriture d'une phrase de Ogle qui se lisait ainsi : « *The Ascidians differ but slightly from plants and yet have more of an animal nature than the Sponges, which are in fact virtually plants and nothing more* » (p. 103), c'est le passage à la ligne et le blanc qui, en les distinguant, construisent une marque rythmique du rapport entre sujet et prédicat. Plusieurs groupes nominaux sujets qui sont ainsi juxtaposés, sans copules, à leur prédicat, apparaissent en fin de vers ou de strophe : il s'agit de *sea-lungs* (v. 24) ; *Head and neck* (v. 51) ; *breastbone* (v. 52) ; *Its upper parts* (v. 61) ; *Hearts* (v. 65).

Travaillant à supprimer les mots de liaison, la syntaxe de la réécriture produit des effets rythmiques dans le passage, notamment en ce qui concerne le traitement des mots monosyllabiques. Les passages cités de *On the Parts of Animals* font intervenir beaucoup de substantifs monosyllabiques, dont bon nombre désignent des parties du corps. Ceux-ci ont tendance à figurer dans des positions marquées, au début et à la fin du vers. Les quatre-vingt-quatre vers du passage qui contient les citations d'Aristote comportent ainsi soixante et onze substantifs monosyllabiques, dont trente-trois se réfèrent à des parties du corps des animaux ; parmi ceux-ci, vingt quatre figurent en début ou en fin du vers. À plusieurs reprises, la suppression des déterminants produit des constructions à la limite de la grammaticalité, marquant en début de vers les noms *Nostril* (v. 47) et *Brain* (v. 56). En même temps, la réécriture multiplie les contre-accents, suites de deux syllabes accentuées. Jouant notamment entre la fin d'un vers et le début du suivant, les contre-accents marquent en priorité les noms qui désignent des parties du corps : ainsi *jaws/Head* (v. 50-51), *neck/Little* (v. 51-52), *graze/Brain* (v. 55-56), *head/Flesh* (v. 58-59), *hearts/Origin* (v. 65-66).

Le traitement des mots du corps rencontre ainsi un schéma rythmique qui se généralise dans la première partie de *"A"*-13. Il s'agit du vers qui commence et se termine par un monosyllabe accentué, et notamment par un nom monosyllabique, comme cela se passe dans les vers « *Head and neck* » (v. 51), « *Brain is the cause of sleep* » (v. 56), « *Hang the head* » (v. 58) et « *Flesh the organ of touch* » (v. 59). Dans un autre passage de la première partie de *"A"*-13, ce schéma fonctionne comme l'expression de la réciprocité dans l'amour :

Eyes search the voice
Voice urges eyes

Sure love is seen

(p. 273)

On notera dans ce dernier exemple que l'emploi de l'article Ø [2] s'applique à des noms des parties du corps qui occupent la fonction sujet, et qui y tiennent le rôle d'agent. L'emploi de l'article Ø devant un nom référé à une partie du corps appartiendrait ainsi à une grammaire agentive spécifique à Zukofsky, une grammaire physiologique pour ainsi dire, désignant le primat du corps et de la sensation sur les facultés intellectuelles, une autonomie du corps. Le traitement rythmique des noms des parties du corps dans les passages cités de *On the Parts of Animals* entre ainsi en rapport avec une pensée physiologique chez Zukofsky.

Le cœur comme principe

Cette pensée physiologique va s'organiser, dans *"A"*-13, autour de la notion de cœur, notion travaillée dans le passage par la figure syntaxique de la juxtaposition, qui apparaît dans le groupe de trois vers « *Man moved by his expectations/A beating heart/Not quite explained by the lung* » (v. 73-75). Le texte de Ogle se lisait ainsi :

> It has been stated, but incorrectly, that it is to the lung that the beating of the heart is due. That this is not so is shown by the phenomenon of palpitation occurring, so to speak, in man alone ; inasmuch as man alone is influenced by hope and expectation. (p. 75 ; 669a)

Tout en changeant l'ordre des termes, le texte de Zukofsky permet encore de lire le propos original, à condition de concevoir la première ligne comme un complément circonstanciel de cause (« *Seeing that man is moved by his expectations* »). Mais la syntaxe nominale, thématisante, du passage réserve aussi la possibilité que *A beating heart* fonctionne à la fois comme le sujet du verbe *explained* du dernier vers et comme une apposition au premier vers, et de ce fait comme une synecdoque de *Man* : « *Man moved by his expectations (is) A beating heart.* » Il s'agit d'une figure de construction que Peter Quartermain (p. 215, n. 21) a identifiée par le terme de *apo koinou*, littéralement « en commun », dans laquelle un membre de phrase appartient simultanément à deux constructions différentes. Ici, *A beating heart* fonctionne dans deux systèmes de prédication à la fois. Cette figure de construction produit un effet sémantique, dans la mesure où elle permet de concentrer et de rassembler dans l'expression *A beating heart* à la fois la notion du cœur comme organe physiologique (puisque c'est en tant qu'il se réfère à l'organe du cœur, et non à l'homme, que *A beating heart* est sujet de *Not explained by the lung*) et la notion du cœur comme siège de la vie émotive et de la vie de signification qui distingue l'homme de l'animal (en tant qu'apposition à *Man moved by his expectations* et synecdoque de *Man*). Le jeu syntaxique dans lequel entre *A beating heart* rassemble l'homme envisagé comme être physiologique et comme être de langage.

Ce travail sur la notion de cœur à partir du traité des *Parties des animaux* marque un autre point de rencontre entre Zukofsky et Aristote. A. L. Peck, dans l'appendice B de son édition de la *Génération des animaux,* note que pour Aristote le cœur est le siège de l'âme, ou principe vital ; c'est pour cette raison que le cœur, qui est « principe » ou source du sang, est aussi le « principe de la sensibilité » (trad. Louis, p. 82) et le principe du mouvement (p. 78-79). Ainsi que le dit le traité des *Parties*, « les mouvements causés par le plaisir et la douleur, en un mot l'ensemble des sensations, ont en lui leur principe et leur fin » (p. 77). Ce privilège du cœur se fait au détriment du cerveau. Aristote ne reconnaissait « aucune connexité entre le cerveau et les organes des sens » (p. 38) ; la fonction de celui-ci consistait à « tempére[r] la chaleur et l'ébullition qui règne dans le cœur » (p. 39). Le rapport établi par Aristote entre les sens et le cœur fonctionne comme un emblème de la pensée de Zukofsky, telle qu'elle est exposée dans son étude critique, *Bottom : On Shakespeare*. Dans une note publiée dans son recueil d'essais critiques, *Prepositions*, il résumait ainsi le propos de *Bottom* : « *The theme is simply that Shakespeare's text throughout favors the clear physical eye against the erring brain* » (p. 166). Dans le texte même de *Bottom*, cette notion est exprimée par la formule « *Love sees* » (p. 39). Liant la vision au cœur, la biologie d'Aristote serait ainsi la réalisation physiologique de cette formule de *Bottom.*

Or, le mot *heart*, qui désigne la partie privilégiée par Aristote, est marqué rythmiquement dans la première partie de *"A"*-13. *Heart* apparaît deux fois dans le passage qui reprend *On the Parts of Animals*, à chaque fois en fin de vers, et dans les deux cas fournit l'accent principal du vers. Il figure à la première et à la dernière page de la première section de *"A"*-13. À deux reprises, *heart* s'emploie dans un rapport avec les notions de la famille et de la génération : dans la phrase « *She'll have a son/And he honor, her heart desires* » (*"A"*, p. 262), *heart* est marqué par la répétition de \h\ et de \r\ dans la suite *he*, *honor*, *her*, *heart*, *desires*. À la page suivante « *Valentine head with gold heart* » désigne une carte de la saint Valentin que le fils de Zukofsky aurait offert à son père (*"A"*, p. 263) [3]. La dernière occurrence du mot *heart* figure dans le vers « *Heart disciplines the head* » (p. 274), qui reproduit le schème rythmique qui met un nom monosyllabique accentué en début et fin de vers, en construisant la même figure d'agentivité attribuée à une partie du corps qu'on a vue précédemment, dans les vers « *Eyes search the voice/Voice urges eyes* ».

Le mot *heart* est en même temps productif en échos prosodiques, et cette productivité s'organise dans le passage rapporté du traité des *Parties des animaux*. Au vers 74, *heart* est le dernier d'une série de mots qui associent la voyelle \ä\ [4] et la consonne \r\ (prononcé, bien sûr, en fin de syllabe, dans la plupart des variétés d'anglais américain), et qui s'étend sur cinq strophes : il s'agit des mots *parts* (v. 61), *hearts* (v. 65), *Parnassus* (v. 67), *Architecture* (v. 70), *start* (v. 72), *heart* (v. 74). La syllabe qui contient \är\ est accentuée dans tous les mots de la série, sauf dans *Parnassus* ; *parts*, *hearts* et *heart* apparaissent en fin de vers. Cette série répond à une autre qui figure au début du passage, et qui relie le titre du traité *Parts of animals* (v. 5) à *starts* (v. 8) et à *art* (v. 9).

Certains de ces rapports méritent d'être commentés un peu plus longuement. Zukofsky a substitué le verbe *starts* au vers 8 à *starting point*, la traduction que William Ogle a donnée pour le mot *arkhè*, principe ; or *arkhè* est aussi le mot que traduit *Origin* au vers 66, qui reprend la phrase de Ogle « *For in itself, it* [c'est-à-dire le cœur] *constitutes the origin and fountain, or primary receptacle, of the blood* » (p. 68 ; 666a). En alignant *start* et *heart*, le texte refait le rapport entre la notion de cœur et celle de principe que dit le passage du vers 66 ; il reproduit ainsi le rapport prosodique chez Aristote entre les mots grecs *kardias* et *arkhè*. Globalement, on peut noter que cette série de rimes intérieures associe la physiologie, les parties (*parts*) à la notion de cœur (*heart*) et à l'art (*art*, *Architecture*), dans un rapport de fondation (*starts*, *start* ; on peut penser aussi au terme de *Parnassus*). Cette série prosodique, et surtout le rapport entre les trois termes capitaux *part-heart-art*, *existe* potentiellement dans la traduction de William Ogle, et *seulement* par la traduction en anglais ; elle n'est pas le fait du discours grec d'Aristote. Zukofsky l'a motivée pour son poème, en y associant la notion de musique.

La partita du corps

Cette série de termes a des prolongements dans tout le texte de la première partie de "*A*"-13, dont deux nous intéresseront plus particulièrement ici. Elle retrouve un écho d'abord dans l'indication que Zukofsky place en tête de "*A*"-13 : *Partita*. "*A*"-13 se divise en cinq sections, présentant chacune des particularités formelles : la première partie, dont il a été question ici, est écrite en groupes de trois vers non métriques ; la quatrième se compose de strophes de quatre vers, comportant successivement trois, une, une et puis trois syllabes ; la deuxième prend la forme d'un dialogue entre Zukofsky et son fils, etc. La référence au titre du traité *On the Parts of Animals* est ainsi partiellement motivée par l'écho phonique qui relie *Partita* à *Parts*. On peut interpréter ce rapport en le rapprochant d'une citation de Bach que Zukofsky a placée vers le début de *"A"*-12 :

> The order that rules music, the same
> controls the placing of the stars and the feathers
> in a bird's wing.
>
> (p. 128)

La référence au titre de *On the Parts of Animals* est motivée également par une autre occurrence du mot *part*, qui figure sur la même page, et qui associe, apparemment, les parties d'une chanson aux étapes de la vie d'un couple :

> Live to a great age
> Each led – let each
> Yield a little time
>
> To the persuasive song
> Of which each part
> Must end ;
>
> (p. 268)

Part renvoie ici non seulement à la succession temporelle, comme pour les mouvements d'une partita, mais aussi aux voix et à la polyphonie d'une composition musicale. Mais elle est en même temps la figure d'une intersubjectivité ordinaire, une reconnaissance de la modulation dans le langage d'une histoire partagée, ainsi que l'indique une des dernières strophes de la première partie de *"A"*-13 :

> If you talk to yourself
> Your love talks to you
> Her music meets your words
>
> (p. 274)

L'association posée dans *"A"*-13 entre la *partita* et les « parties » des animaux, entre les mots *part*, *heart*, et *art* retrouve, chez Zukofsky une pensée du rapport entre corps et sujet, corps et poème, une physiologie de l'art. Zukofsky a évoqué ce rapport à plusieurs reprises dans ses remarques sur la poésie. Dans un entretien datant de 1968, il avait parlé du poème comme étant le résultat d'un continu physiologique : « *And because of the eye's movement, something is imparted to or through the physical movement of your body and you express yourself as a voice* » (*Contemporary Literature*, p. 205). De même, il avait noté à propos de e. e. cummings, dans une critique de la poésie des années vingt : « *he is continually interested in something like capillaries, "everything which we really are and never quite live," the sources where images begin* » (*Prepositions*, p. 143). La citation du traité des *Parties des animaux* dans la *partita* de *"A"*-13 tendrait ainsi non seulement à inscrire le sujet dans la nature, mais aussi à inscrire le corps dans l'activité du poème : à faire du poème la partita du corps.

Dans son essai intitulé « Poetry/For My Son When He Can Read », Zukofsky observe : « *Without poetry life would have little present* » (*Prepositions*, p. 3). Il confère ainsi au poème une fonction qui l'associe directement à l'acte d'énonciation : celle de *produire* le présent. La pratique de la citation chez Zukofsky vise à lire et à écrire le présent à travers le passé, à transformer le présent en transformant le passé. Mais elle n'accomplit ce travail que dans la mesure où la citation devient le champ de production de la subjectivité. Reprenant, réécrivant dans *"A"*-13 une traduction d'Aristote, Zukofsky y reconnaît une prosodie de la pensée, que son poème remotive. Il fait de son poème l'écriture de sa lecture, une poétique du texte cité. Sa pratique réalise ainsi une théorie du sujet comme présent continu, comme réénonciation infinie.

Université de Strasbourg

Notes

1. Toutes les indications de vers se réfèrent au passage publié en annexe.
2. L'absence de l'article assumant une valeur de signification comparable à celle des articles proprement dits, on la désigne habituellement par l'expression d'« article Ø », pour montrer qu'elle fonctionne dans le système de l'article comme un terme à part entière.

3. L'échange de cartes, notamment pour les enfants, ne comporte pas nécessairement une signification érotique aux États-Unis.
4. Je représente ainsi, suivant l'usage du dictionnaire Webster's, la voyelle de *cot* et de *cart*, dans la prononciation américaine la plus répandue.

"*A*"-13 (extrait)

Until the lightness be precise
Heraclitus over the kitchen fire –
"Come in, there are gods here too

Don't be a stranger at the threshold" –
Parts of animals
The must of an ever

The infant laughing to its parent
Theory starts with that which is
Nature and art with what is to be –
Things that stay, and a taking off ;
Breath by its passage breaks open
The nostrils' outlets.

Germ of each nature,
But its soul's end the animal's
Like the animal in a fable

Turned to stone, so scales
Feet, feathers
Used alike. Sponges

Virtually plants and
Not much more. Nature
Sorts from unbreathing things

To animals in unbroken sequence
Interposing life scarcely
Animal, jellyfish, sea-lungs

Their lives simply
Plants separated
From the ground

A tailsting
Nature gives it
To insects of fierce
Disposition –
To no others.
Hind legs of grasshoppers

Tho never the front seem to remember
The two long stem oars
By which a ship is steered.

To close their eyes
Some great birds
Crocodiles and frogs

Raise only their lower lid
A roll of skin
And as it contains
No flesh, like the prepuce
It does not unite
When cut.

The elephant clasps with
Nostril as a hand,
In water as with a diver's bell

A small bird has nothing fairly called
A nose, a beak for jaws,
Head and neck

Little, breastbone
Narrowed. An ox – horns of
Such length – he must

Walk backward to graze.
Brain is the cause of sleep
Why drowsy persons

Hang the head.
Flesh the organ of touch ;
The animal becomes a plant

Its upper parts
Downward, its lower
Above.

All blooded animals
Have hearts
Origin and fountain ;
Cut from Parnassus sedum
Which hung from rafters
Lives a considerable time.

Architecture –
Bricks, painting, timber etc –
But start and end : a house.

Man moved by his expectations
A beating heart
Not quite explained by the lung

His innocence his blood is water, his
Tears salt, his seed like the
Cells of seaweed, his

Bones the matter of coral
So that his God
Does not need advertisement

A half glimpse of
Your love – more pleasure than
In a bird's eye view of the world

(p. 268-271)

Références bibliographiques

ARISTOTE

1882 *On the Parts of Animals*, traduit par William Ogle, Londres, Keegan Paul, Trench & Co.

1956 *Les Parties des animaux*, texte établi et traduit par Pierre Louis, Paris, Les Belles Lettres.

1942 *Generation of Animals*, traduit par A. L. Peck, Cambridge, MA, et Londres, Loeb Classical Library.

MESCHONNIC, Henri
1970 *Pour la poétique*, Paris, Gallimard.
1985 *Les états de la poétique*, Paris, Presses Universitaires de France.

PERELMAN, Bob
1994 *The Trouble with Genius. Reading Pound, Joyce, Stein, and Zukofsky*, Berkeley, University of California Press.

QUATERMAIN, Peter
1992 *Disjunctive Poetics : From Gertrude Stein and Louis Zukofsky to Susan Howe*, Cambridge, Cambridge University Press.

ZUKOFSKY, Louis
1993 *"A"*, Baltimore et Londres, The Johns Hopkins University Press.
1987 *Bottom : On Shakespeare*, Berkeley, University of California Press.
1969 Entretien, *Contemporary Literature* 10 : 202-19.
1981 *Prepositions*, Berkeley, University of California Press.

Jean-Marc Lévy-Leblond et Jorge Wagensberg

ARTS ET SCIENCE : LES ENJEUX COGNITIFS (rencontre-débat)

Noëlle BATT :

Les essais de Jean-Marc Lévy-Leblond consacrés à l'art et à la culture dans *La Pierre de touche. La science à l'épreuve*… comme le 6e chapitre de *L'Âme de la méduse. Idées sur la complexité du monde*, de Jorge Wagensberg, ont pour enjeu la confrontation de l'art et de la science en rapport avec la question de la connaissance.

Cette interrogation fait surgir plusieurs séries d'autres questions qui lui sont intimement liées. On en isolera quatre :

1) une série de questions concernant l'objet de la connaissance ;

2) une autre concernant les modalités de la connaissance ;

3) une autre encore à propos de l'origine de la pulsion de connaissance ;

4) une dernière sur les retombées de la connaissance acquise par le moyen de l'art et de la science.

L'objet de la connaissance

Nous pourrions partir de l'hypothèse que l'artiste, comme le scientifique, se donne pour tâche de connaître le monde, de le comprendre et d'anticiper sur ce qu'il pourrait devenir.

Si ce rapport au monde est premier pour la science, il ne l'est pas pour l'art dans la mesure où celui-ci implique d'autres rapports tout aussi importants pour lui :

a) Le rapport au sujet créateur et récepteur

D'emblée l'acte créateur artistique implique l'inscription du sujet dans l'objet créé et offre au sujet récepteur de s'y inscrire également alors que l'inscription du scientifique dans l'expérience ou la théorisation a été pendant longtemps totalement proscrite – ou niée – par la discipline. J'emploie ici le passé car il semblerait que les choses aient changé sur ce point au cours des deux dernières décennies et que dans certaines disciplines scientifiques, on prenne aujourd'hui en considération le rôle de l'observateur dans l'évaluation du résultat de l'observation.

b) Le rapport à lui-même

La dimension auto-réflexive de l'art est l'une de ses composantes bien admises, reconnue comme constitutive de sa spécificité.

c) Le rapport à la dimension artistique et à l'histoire

L'œuvre d'art est toujours, à un degré variable, intertextuelle, interdiscursive, interartistique, interculturelle. La marque de l'histoire dans l'œuvre individuelle fait partie de l'œuvre elle-même.

d) Le rapport à l'acte critique, herméneutique

L'art comprend et donne à connaître en interprétant et en traduisant, ce qui implique une traversée, une « percolation » de ce que l'on veut connaître d'une part, mais aussi des autres dispositifs cognitifs.

Les modalités de la connaissance

a) Communicabilité de complexités inintelligibles ou modélisation ?

J. Wagensberg dans le 6e chapitre de *L'Âme de la Méduse* oppose le principe de « communicabilité de l'art » au principe « d'objectivation de la science ». Il adopte comme hypothèse de base le fait que l'art est « une forme de connaissance fondée sur le principe de communicabilité de complexités non nécessairement intelligibles ». Il faut ici s'arrêter sur la notion de « communicabilité » qui fait face, pour s'y opposer, à celle d'explication analytique rationnelle qui serait le propre de la science. Là où la science ne saurait pas comprendre et expliquer rationnellement une complexité qui lui résiste, l'art pourrait du moins la transmettre, la communiquer. Elle en fournirait une traduction, un commentaire, une figuration qui se laisserait contempler. On risque donc de glisser très vite vers une connaissance qui serait de l'ordre de la révélation, de la connaissance mystique.

Il ne faut toutefois pas oublier que le texte artistique a une structure bien réelle et analysable, qui est peut-être aussi source d'information. Ne peut-on pas, par exemple, considérer que l'art et la science se livrent tous deux à ce que l'on pourrait appeler dans les deux domaines une *modélisation* du réel, modélisation et non pas représentation, pour prendre ses distances avec la notion d'imitation longtemps associée à l'art mais aussi parce que dans certains domaines scientifiques aussi, la notion de représentation fait problème (voir l'entretien de la rédaction de *TLE* avec Francisco Varela, *TLE* n° 9).

b) Abstraction et figuration

Cette modélisation peut être envisagée comme la succession de deux opérations : abstraction et figuration. Bien que J.-M. Lévy-Leblond admette que la science peut comporter sa part de figuration, il a tout de même tendance à distribuer ces deux procédés sur les deux domaines. L'abstraction caractériserait la science ; la figuration, l'art ; J.-M. Lévy-Leblond dit apprécier la « désabstraction » des œuvres d'art, le fait que « l'art [vous] conduit à retrouver l'épaisseur du monde que la science aplatit ». Il dit encore : « L'art contemporain nous propose ici un contrepoison, un antidote. Il permet de retrouver l'opacité du monde, par-delà l'évidence, partielle et souvent illusoire de sa transparence telle que la science nous l'offre. » (*La Pierre de touche*, p. 174)

Mais peut-être ce terme de « désabstraction » renvoie-t-il à la qualité hybride du médium artistique qui associe le canal du sensible à celui du rationnel. C'est Kant qui définissait l'idée en art comme « une idée sensible ». Lotman, quant à lui, utilisait la notion de « signe iconique » pour parler de la nature du signe littéraire. On peut rappeler aussi l'image convoquée par Valéry du pendule qui oscille indéfiniment entre la forme et le sens, entre l'intelligible et le sensible.

c) Homologie non des figures mais des rapports

Le processus de figuration aboutit à concevoir et à tracer des figures qui présentent à la fois un rapport interne entre elles dans le cadre de l'œuvre ou de l'expérience et un rapport externe avec les phénomènes du réel. Si l'on veut penser sur le plan épistémologique les points communs entre la démarche scientifique et la démarche artistique, il faudrait peut-être éviter le piège de la comparaison directe des figures produites par la science et de celles produites par l'art. S'il est possible d'établir une homologie, c'est certainement plus entre les rapports internes et externes de ces figures et du réel qu'entre les figures elles-mêmes – des rapports bien abstraits cette fois, qui s'énoncent en termes de catégories logiques, spatiales et temporelles.

d) Le rôle de la fiction

La compréhension du réel passe, en littérature, par l'invention de mondes possibles, par la fiction. J.-M. Lévy-Leblond mentionne dans « Hypotheses fingo », la place importante de la fiction dans le raisonnement scientifique en distinguant les « fictions par restriction » (les expériences de pensée) des « fictions par extension » (les créations de mondes). J'aimerais lui demander s'il accepterait de développer les caractéristiques de ces deux « genres » ?

e) La simulation

J.-M. Lévy-Leblond et J. Wagensberg parlent tous deux de la petite révolution déclenchée en science par l'introduction, entre la théorisation et l'expérimentation, d'un nouvel exercice qui semble redonner les cartes du raisonnement scientifique : la simulation. La simulation s'écarte de la représentation à proprement parler puisqu'il s'agit de modéliser un phénomène en utilisant des éléments d'une tout autre nature que les éléments du réel que l'on veut étudier (voir l'exemple donné par J.-M. Lévy-Leblond p. 226-227). Il y a là peut-être un passage pertinent entre les deux domaines qui nous intéressent aujourd'hui. J.-M. Lévy-Leblond et J. Wagensberg pourraient-ils nous en parler un peu ?

f) J.-M. Lévy-Leblond dit (dans « Brèves rencontres ») : « C'est ainsi que je trouve chez certains artistes une véritable épistémologie concrète. » Cette idée a été développée par notre collègue américain Sydney Lévy à propos de Ponge (voir *TLE* n°11, 1992). Je voudrais donc demander à J.-M. Lévy-Leblond s'il ne pense pas que l'épistémologie est en passe de prendre de l'importance en devenant cette discipline de l'entre-deux (ou entre-trois si l'on inclut la philosophie) qui permet précisément de penser cette homologie de rapports que je mentionnais plus haut, en même temps que le rôle passeur de certaines catégories ou expériences comme les expériences de pensée ou les simulations dont je parlais à l'instant.

La pulsion de connaissance

a) La question est posée par J. Wagensberg et par la philosophe québequoise Nycole Paquin dans un livre publié récemment sur l'esthétique et la cognition, *Le Corps juge*. Lotman l'abordait aussi dans l'introduction de son livre, *La Structure du texte artistique*. On revient ici à des choses très premières : la peur, la crainte, la nécessité de comprendre les messages du monde pour survivre en tant qu'individu mais aussi en tant qu'espèce.

Ces questions ne sont-elles pas le symptôme d'une prise en considération nouvelle du corps, des émotions, dans la pensée scientifique ? On pourrait citer dans ce sens les travaux de Edelman, Damasio…

b) J. Wagensberg développe aussi l'idée de l'art comme sublimation, non pas de pulsions anti-sociales pour lesquelles, dit-il, il y a de nombreux débouchés, mais de la pulsion de connaître que la science échoue à satisfaire. C'est une assez jolie idée qui a l'avantage de rétablir une continuité perdue entre science et art (comme l'idée que la trouvaille d'une métaphore est motivée par la poussée d'une pensée forte et neuve qui ne trouve pas dans le discours de mot pour se dire, rétablit une continuité entre le langage pragmatique et le langage littéraire). L'art est alors présenté comme une nécessité. Pour traduire une complexité nouvelle, l'artiste doit inventer un nouveau langage.

J'aurais aimé savoir comment J.-M. Lévy-Leblond réagit à ces propositions de J. Wagensberg.

Les implications de la connaissance

Ce que la science peut dire du réel aura un *feedback* sur ce réel, ce que l'art peut dire du réel permettra certes de mieux le comprendre, mais n'aura pas nécessairement sur lui un effet rétroactif.

J.-M. Lévy-Leblond se demande dans « Hypotheses Fingo » si la science ne serait pas ce lieu même où la fiction (ou hypothèse) ferait la preuve de son efficacité à donner prise sur le réel. J'ajouterais : et la littérature ce lieu où la fiction ferait la preuve de son efficacité à comprendre le réel sans lui donner prise sur lui-même.

Peut-être est-ce là, dans la retombée sur le réel que se situe une différence fondamentale entre les deux domaines. La fiction de la science doit avoir des retombées immédiates, des applications alors que la fiction de la littérature a surtout pour mission de poser des problèmes, de troubler, de déranger, compliquer les chemins, multiplier les points de vue inattendus, bousculer la perspective, faire voir l'invisible, souvent sans fournir de preuves ou de vérifications d'aucune sorte, et de plus sans retombée pratique, sans application immédiate. Toute fiction qu'elle est, la fiction de la science reste régie par le rapport au réel alors que la fiction de l'art demeure insoumise.

Jean-Marc Lévy-Leblond :

Plutôt que de me lancer dans une argumentation théorique, j'adopterai une posture expérimentale (ce qui me changera, puisqu'en physique je ne suis qu'un théoricien). Je m'avancerai donc sur le terrain des rapports entre cognition et art, entre science et culture, en montrant sur un petit nombre d'exemples comment certaines œuvres de plasticiens contemporains résonnent en moi par rapport à ma pratique de physicien. La figure qui m'intéresse ici est celle de la rencontre, du croisement fugitif. Il y a des moments où, effectivement, une trajectoire scientifique et une trajectoire artistique peuvent se croiser et où un échange, un éclairage mutuel – pas forcément mutuel d'ailleurs – peut avoir lieu.

Le premier travail dont je voudrais parler est celui de François Morellet qui a pour titre, *Geometrees*. Cette série d'œuvres qui date des années 80 est un travail sur le végétal. Quel est mon intérêt de physicien dans cette affaire ? C'est que je crois y trouver une métaphore du travail de la physique théorique quand elle se penche sur la réalité du monde. Je regarde autour de moi le monde qui est d'une confusion extrême. Je choisis l'un de ses objets, je l'extrais de son contexte. C'est le travail que fait Morellet en prenant cette herbe-là parmi des milliers d'autres : il la choisit parce qu'elle est quelconque, pas en vertu de caractéristiques spéciales *a priori*. Il ne lui demande pas d'être plus belle, plus grande que d'autres. La volonté qui prévaut est de la détacher de son contexte, de la rendre visible en l'isolant, en la mettant sur cette toile blanche, de façon que le regard posé sur ce petit morceau du réel considéré comme quelconque – c'est un point important – puisse permettre d'en révéler les structures essentielles. Le travail de l'artiste consiste à tracer, à partir de l'objet réel, un certain nombre de lignes qui vont constituer une architecture plastique dont la signification sera de dégager la structure géométrique de l'herbe. En d'autres termes, ces traits que Morellet place sur la toile sont censés rendre visibles ce qui n'est que latent dans le brin d'herbe qui est là. D'où l'apparition de cette structure géométrique, qui excède l'objet, qui ne lui appartient pas. Il me semble que c'est là une représentation assez suggestive de ce que je fais en tant que physicien théoricien quand je m'intéresse à un objet ou à un phénomène du monde et que je le traite sur le plan théorique. Je fais ce travail d'extraction de l'objet hors de son contexte, je le regarde en tant que tel, et je branche sur lui tout un dispositif analytique qui effectivement se déploie dans un autre espace que celui de l'objet. La toile pour Morellet. Pour moi, le tableau noir ou le papier, qui n'est évidemment pas de la même nature que l'objet dont je parle. Et mon dispositif théorique, le discours formalisé que je vais tenir – en général une série d'équations et de symboles mathématiques – joue par rapport à l'objet un rôle assez similaire à ces lignes que trace Morellet sur la toile. Contrairement à ce que véhicule une vision naïve (qui est probablement celle de la plupart des physiciens théoriciens), la théorie n'est pas *dans* l'objet. Les équations que j'écris sur mon papier, dans mon article de physique, ne sont pas la révélation d'une sorte de structure interne à l'objet. Elles sont un commentaire, une structuration extérieure que je lui donne mais qui, si elle est réussie, en déploie la nature profonde. Si Morellet fait bien son travail, ses lignes déploient une structure géométrique de son herbe, la prolongent vers l'extérieur. Je dirais assez volontiers qu'il y a une sorte d'épistémologie en acte dans ce travail, qui me renvoie une image assez juste du mien, qui me permet de mieux le comprendre. Certains aspects de ma pratique, je les ai compris en regardant ces œuvres. C'est peut-être un point important pour notre discussion. Je n'utilise pas cette œuvre de Morellet comme une illustration *a posteriori* d'une conception abstraite que j'aurais formée en lisant Bachelard ou d'autres.

Un autre travail de Morellet datant de 1975 porte le titre suivant : *Tirets de quatre centimètres dont l'espacement augmente à chaque rangée de quatre millimètres.* Ce qui m'intéresse ici, c'est le fait que Morellet se donne une règle de fonctionnement absolument triviale. La trivialité du processus de fabrication reflétée dans la platitude du titre ne permet absolument pas d'anticiper autre chose qu'un résultat lui-même totalement banal. Or, voilà qu'apparaissent des structures qu'on n'aurait jamais imaginées – espèces de figures courbes, que l'on voit au milieu de la figure –, que l'œil et le cerveau interpolent dans cette figure. Il ne s'agit pas ici de beauté ou de canons esthétiques. Il s'agit essentiellement – on est au cœur de la question de la complexité – de constater qu'avec un procédé des plus rudimentaires, apparaît une forme que Morellet lui-même ne soupçonnait sans doute pas, une structure géométrique beaucoup plus riche que ce qui pourrait se laisser anticiper à la seule lecture du procédé. Énoncée *a priori*, cette règle ne peut permettre de penser qu'on va obtenir quelque chose d'intéressant pour l'œil, sauf à faire un certain nombre de calculs (ou de manipulations, d'expériences – ce qu'il fait sur sa toile). Ceci est très suggestif d'une partie du travail du physicien théoricien, qui en général n'est pas expliquée au profane. Il ne faut pas croire que l'essentiel de ce travail consiste à s'intéresser à des phénomènes réels en faisant une expérience et en tentant de l'interpréter. Ce n'est qu'une partie mineure du travail. C'est ce vers quoi on tend. Ce qu'on veut arriver à faire au bout du compte, c'est comprendre les phénomènes réels du monde dans toute leur richesse. Mais en général, c'est trop difficile : sur le plan expérimental, parce que le monde est d'une extrême confusion et qu'il est difficile d'arriver à isoler un phénomène et à le reproduire ; et sur le plan théorique, parce que la théorie est trop ardue. Je veux dire par là que l'exploitation des systèmes formels dont nous disposons – les équations de la physique mathématique – nous pose de sérieux problèmes. Même dans les cas où nous pensons disposer de la bonne théorie, du bon cadre formel, où nous croyons que, pour expliquer tel phénomène, par exemple en physique atomique, l'équation de Schrödinger, pour l'appeler par son nom, va nous donner la bonne solution, il y a un très long travail à franchir pour aller de l'équation à sa solution ; et l'équation au départ ne me dit pas ce qu'elle recèle. C'est une remarque que les physiciens théoriciens se font assez souvent depuis qu'ils ont accédé à des formalismes mathématiques sophistiqués, c'est-à-dire essentiellement depuis le siècle dernier. Il est troublant qu'un système d'équations qui, s'il peut paraître techniquement compliqué pour les profanes, est pour nous relativement simple, compact, élégant et dépourvu de complexité apparente, contienne en son sein une richesse largement insoupçonnée. Maxwell disait, et Feynman avait repris cette expression : « On dirait que les équations sont plus intelligentes que nous. » C'est exactement ce qui se passe ici. Dans l'algorithme initial de Morellet, sont contenues beaucoup plus de choses qu'on ne pourrait le soupçonner *a priori*. Le rapport analogique va ici plus loin : pour que nous, physiciens, comprenions comment fonctionnent nos théories, il nous arrive très souvent, non pas de résoudre des équations telles qu'elles s'appliquent aux phénomènes réels, mais d'essayer de nous familiariser avec le rapport entre le formalisme de départ et le résultat qu'il va donner à l'arrivée, en le testant sur des modèles réduits de théories, sur des « joujoux théoriques ». Autrement dit, nous nous donnons des règles formelles, des équations, beaucoup plus simples que celles dont nous pensons qu'elles décrivent le réel, mais qui nous paraissent présenter des propriétés structurelles analogues. Un exemple typique d'un tel travail consiste à essayer de comprendre ce qui se passerait dans un monde qui, au lieu d'avoir les trois dimensions de l'espace dans lequel nous vivons, n'aurait qu'une dimension. On pourra penser que c'est absurde, puisqu'en réalité l'espace *a* trois dimensions ; sauf que, en travaillant dans un espace à une dimension, les problèmes théoriques sont beaucoup plus simples, qu'on arrive à des résolutions plus rapides et plus directes et que, dans le meilleur des cas, ce modèle à une dimension va nous éclairer sur ce qui se passerait si on utilisait un modèle à trois dimensions. Il y a là quelque chose de l'ordre d'un travail *a minima* comme celui que pratique Morellet, en se donnant les contraintes les plus élémentaires possibles et en observant ce qui se produit. Morellet essaye ainsi des dizaines de règles ; la plupart du temps, cela ne donne rien et cela passe à la trappe ; ce qu'il nous montre après coup, c'est ce qui a donné un résultat intéressant. En physique théorique aussi, le choix d'un modèle élémentaire est souvent improductif. Il faut un long travail, semé d'essais et d'erreurs, avant d'arriver à un cas intéressant.

Je citerai encore un troisième travail de Morellet, réalisé en 1983 : *Arc de cercle complémentaire*. On assiste ici à la mise en œuvre d'un travail d'extrapolation, procédé théorique qui informe une bonne partie du travail de la physique théorique. À partir d'un arc de brique situé sur un mur toulousain, l'artiste intervient pour le prolonger en sortant du plan. C'est cela qui est intéressant. Avec cette bande de métal qu'il dispose dans le prolongement visuel de l'arc qui se trouve sur le mur vertical, on passe d'un espace à deux dimensions à un espace à trois dimensions. On est dans une continuité qui en même temps est une rupture : on sort du plan. C'est un type de démarche qui nous est tout à fait familier. Quand nous avons une structure théorique qui fonctionne bien dans un certain cadre, qui rend compte correctement d'un certain pan de la réalité, nous n'avons rien de plus pressé que de le prolonger au-delà. En d'autres termes, il ne faut pas du tout croire, contrairement à ce qui est souvent affirmé, que les scientifiques essaient de ne dire que des choses certaines dans des circonstances où ils sont sûrs de ce qu'ils avancent. C'est le contraire qui est vrai, d'une certaine façon. Ils passent leur temps à aller au-delà de ce qu'ils savent ; à jeter le filet plus loin et à voir « jusqu'où on peut aller trop loin ».

Un exemple typique. La théorie quantique a été mise au point pour rendre compte des phénomènes au niveau atomique et moléculaire. Cela marche bien ; très bien, même. Que font les physiciens avant même que la théorie soit complètement au point et bien formalisée dans ce cadre-là ? Ils se disent : « Ah ! mais ce serait intéressant de voir si cela va marcher en physique nucléaire », c'est-à-dire dans un monde totalement différent, cent mille fois ou un million de fois plus petit, et où il n'y a aucune raison *a priori* d'espérer que ça marche. On pourrait penser que, puisqu'on change complètement d'échelle, il faudrait construire une théorie complètement différente. Pourtant, la première chose que l'on fait, c'est de prolonger ce que l'on savait et qui marchait, et d'aller plus loin. Évidemment, cette démarche d'extrapolation, de prolongation, échoue souvent. Et quand elle échoue, on est renvoyé à la nécessité de trouver quelque chose de tout à fait autre. Mais parfois, comme dans le cas de cette œuvre plastique ou dans le cas de la théorie quantique appliquée à la physique nucléaire, cela marche. Ce qui est intéressant, c'est que cela marche (là aussi la métaphorisation fonctionne assez bien) *sur un autre plan*, que l'on n'est pas dans la reproduction à l'identique. Il ne s'agit pas simplement de prolonger l'arc de cercle tel qu'il était. On le prolonge en changeant de plan. Ce qui était vertical devient horizontal. On est dans la continuité de la courbe mais il se passe autre chose. Cette extrapolation, cette prolongation, cette continuation sont fécondes précisément parce qu'elle nous emmènent ailleurs, dans un plan différent où les choses se disposent autrement. C'est en cela que le travail de Morellet fournit un éclairage épistémologique intéressant.

Je parlerai d'un dernier travail qui est de Giovanni Anselmo, un artiste du groupe italien *Arte Povera*. Il s'agit de deux blocs de plomb de 5x5 cm de section ; l'un mesure 10 cm de longueur et l'autre 20 cm. Ils apparaissent en fait comme deux morceaux coupés qui laissent entre eux un hiatus de 2 ou 3 cm de vide. Est gravé sur l'un des blocs, immédiatement à droite du hiatus, le mot *visibile*. Personne, semble-t-il, ne peut s'empêcher de lire ce qui est dans le vide, c'est-à-dire la syllabe *in* de *invisibile*. C'est d'abord sur le plan esthétique une œuvre purement autoréférentielle qui rend véritablement visible l'invisible ; elle permet de lire quelque chose qui n'est pas écrit et qui en plus est écrit dans du rien, dans du vide. C'est la réciproque de la démarche d'extrapolation que j'ai analysée précédemment. On a affaire ici à une démarche d'interpolation. Ce qu'elle met en évidence, c'est que cet espace vide au milieu est tout sauf un espace neutre. Il est plein de sens et ce sens ne lui est donné que par ce qui l'entoure de part et d'autre. C'est une situation que les physiciens rencontrent assez souvent aussi : dans une zone de méconnaissance, le phénomène est souvent déterminé par ce qui se passe sur ses bords. Cela s'appelle, en langage technique, les « conditions aux limites ». Un exemple : si je veux savoir quel est le champ électrique qui règne au milieu de cette pièce, il sera très compliqué de le mesurer en tous ses points. Mais cela n'est pas nécessaire. Il suffirait que je sache exactement ce qui se passe sur les bords, sur tous ces murs, et que je connaisse évidemment la théorie qui gouverne le champ électrique, pour pouvoir le calculer en chaque point. En d'autres termes, ce qui se passe autour régit de façon stricte ce qui se passe au milieu. Cette interpolation que je vous décris ici sur un phénomène particulier, le champ électrique, fonctionne aussi à un niveau méta-théorique dans l'ordre de la théorie elle-même, c'est-à-dire que lorsqu'on cherche à comprendre un certain nombre de concepts, encore en germe, mal définis, ils sont très souvent éclairés par leurs bords, par les conditions entre lesquelles ils vont opérer.

Je finirai en réaffirmant deux choses : la première, c'est que cette discussion n'a en aucun cas la prétention de démontrer quelque analogie ou homologie naturelle entre l'art et la science ; la deuxième c'est qu'il ne s'agit pas non plus de simples illustrations superficielles. Pour moi, la fréquentation de ces œuvres a véritablement joué le rôle d'une sorte d'exercice épistémologique, en me renvoyant à des pratiques effectives que je comprends mieux maintenant grâce à ce détour. L'épistémologie est trop souvent purement théorique (ce n'est pas un défaut, mais c'est une limitation). Elle peut, grâce à l'art, devenir expérimentale.

Jorge WAGENSBERG :

Quelques explications sur ma position en ce moment, concernant la connaissance en général, son processsus d'élaboration.

Mon point de départ a été la science. Je n'ai pas cherché à établir des parallélismes ou des oppositions entre art et science, mais après avoir analysé, à partir de mon propre travail, la nature de la science, j'ai éprouvé la nécessité d'une rencontre avec l'art. C'est peut-être de cela qu'il peut être intéressant de discuter. Il faut, bien sûr, se mettre d'accord sur certains concepts pour établir un dialogue (il est aussi nécessaire de le faire entre scientifiques).

Soit un esprit, situé dans l'univers, et qui va produire de la connaissance sur ce qui est en dehors de lui, ce qu'on peut appeler « le réel ». Je crois que la connaissance a son origine dans la situation d'un esprit qui ressent une inquiétude, une peur ou encore une émotion due à une certaine complexité et qui affronte la nécessité d'y répondre. La connaissance serait en quelque sorte la thérapie de cette peur. On serait là dans la première phase de la connaissance. La deuxième phase, ce serait la formation d'une image de cette inquiétude, image suggérée au cerveau par les sens, et dont la qualité diffère de l'inquiétude initiale. Cette image a été circonscrite en quelque sorte : elle est pensée dans l'espace ou dans le temps. Mais je ne l'appellerai pas encore « connaissance ». J'aimerais réserver le mot de « connaissance » pour le moment où cette image est déjà en situation d'être exportée de façon à ce qu'un autre esprit dans l'univers puisse la recevoir. Pour moi, « transmettre de la connaissance », est donc trivial puisque ce qui n'est pas de la « connaissance » ne peut pas être transmis, et, inversement, il n'est pas de connaissance qu'on ne puisse transmettre. La connaissance est, par définition quelque chose de transmissible. L'image sous sa forme transmissible, je l'appellerai une « représentation ». Une peinture, une partition, un poème, une théorie scientifique peuvent être considérés comme des représentations. On peut leur associer un commencement, une fin, un nombre de symboles fini, et derrière la représentation, on trouve bien sûr une volonté. Enfin, la dernière phase consisterait à ancrer tout cela dans la réalité commune à tous les autres esprits. On pourrait nommer cette dernière phase : interprétation, exécution, etc. Pour concrétiser ce processus, prenons l'exemple d'un compositeur confronté à une inquiétude, une émotion, un état d'âme. L'image de cette émotion s'exprime sous forme d'une partition. C'est l'étape de la représentation. Après cela, cette partition est convertie par un orchestre en une chose réelle que tout le monde peut percevoir. On pourrait aussi prendre l'exemple de l'architecte qui fait un plan, d'après lequel on fait un bâtiment. Il y a deux processus en jeu ici. D'abord on passe de l'image à la représentation exportable, puis on passe de cette représentation à une exécution. Pour analyser la manière dont ces choses se déroulent, il faut une méthode. Ce que j'appelle « méthode » se distingue d'un processus, d'un plan, d'une stratégie d'élaboration ; c'est plutôt un ensemble de principes de démarcation. Il y a différentes façons de construire la représentation, de construire la connaissance. Je suis personnellement arrivé à la conclusion qu'il y a seulement trois façons générales de construire cette représentation, trois façons générales de construire la connaissance. Celle que je conçois clairement, c'est la méthode scientifique. Mais en établissant les principes qu'il faut respecter pour qu'une représentation mérite l'appellation de scientifique, j'en suis arrivé à la conclusion qu'il y a deux autres méthodes : l'une, que l'on peut appeler art ou connaissance artistique (je présuppose donc que l'art comme la science sont deux formes de connaissance), et l'autre, la connaissance, disons, révélée. Je vais expliquer tout de suite ce que sont, à l'état pur, ces trois formes de connaissance, en ajoutant immédiatement qu'on ne trouve pas ces formes à l'état pur dans la pratique réelle. Quand on conçoit un acte scientifique, artistique, ou une vision mystique, on est en réalité confronté à une seule recette avec trois composantes : la composante scientifique, la composante artistique, et la composante révélée. Si l'on est un scientifique professionnel et que l'on fait de la recherche payée par l'État, il n'est pas très indiqué d'avoir une composante artistique excessive. Mais si l'on est un politicien, cela donne une grille pour analyser le travail que l'on fait. Si l'on est un chef d'État, que l'on fait de la politique, il peut être dangereux, d'avoir un excès de connaissance révélée. Les dictateurs finissent par se convaincre eux-mêmes qu'ils sont envoyés par la divinité pour régler les problèmes de coexistence entre les hommes. Ce que je vous dis là est le résultat d'une vie de scientifique, qui a toujours entretenu une promiscuité assez grande avec les autres domaines. Après avoir été un scientifique « dur », je me suis retrouvé scientifique de musée… (au bon sens du terme, j'espère !), c'est-à-dire que je dois maintenant transmettre de la connaissance. Je m'occupe aussi d'une collection de livres que j'ai commencée en publiant les manuscrits que je voulais recommander à mes amis. Ma vie scientifique se déroule entre l'université, le musée, et les auteurs. Ce que je vais dire maintenant est le résultat d'un exercice personnel dont je peux prouver qu'il a au moins été utile pour moi. J'espère qu'il pourra l'être aussi pour d'autres. En lisant l'épistémologie scientifique classique, Carnap, Feyerabend, Popper, j'ai eu du mal à trouver ce que je cherchais. Les dialogues entrepris sont sans fin : le positivisme logique, l'inductivisme, l'empirisme ressemblent à des idéologies qui changent avec le vent. Tout d'abord, que peut-on appeler science ? Curieusement, c'est chez Schrödinger, que je crois avoir trouvé la piste de deux des trois principes que je vais exposer maintenant. Je crois qu'une représentation est scientifique si elle respecte le plus possible ces trois principes.

Être scientifique, c'est, chaque fois que c'est possible, faire le triple choix d'être, d'abord le plus objectif, puis le plus intelligible, et troisièmement le plus dialectique possible. Je vais expliquer ce que j'entends par là. L'objectivité est le grand sacrifice de l'homme de science. Il sépare le sujet de la connaissance de son objet, dans le sens où l'observateur s'extrait du monde réel, et à toutes les phases de l'observation, choisit toujours le chemin qui affecte le moins l'objet. Ainsi, par exemple, si je veux localiser la position d'une bouteille, je peux employer des méthodes variées. Je peux prendre une boule de fer et la lancer dans la direction que je crois être celle de la bouteille. Si je n'entends aucun bruit, je me dis : « Elle n'est pas là. » Je recommence dans une autre direction, elle n'est pas là non plus, et tout à coup j'entends un bruit, la bouteille est cassée, et je me dis : « Elle était dans cette direction. » C'est une façon parmi d'autres de localiser la bouteille. Mais, au lieu de prendre une grosse boule, je peux prendre une très petite bille, de façon à ce que je puisse tirer avantage du son sans casser la bouteille. Et si, au lieu d'une bille, j'utilise des photons, cela affectera encore moins la bouteille. Plus la complexité est faible, plus il est facile de pousser loin l'objectivité. Pour nous, scientifiques, être objectif est assez facile. Ce n'est qu'avec la physique quantique que l'on atteint les limites de l'objectivité. Jean-Marc a dit tout à l'heure que lorsqu'on a acquis une connaissance, on essaie très vite d'en repousser les limites. En réalité, ce qu'il a sans doute voulu dire aussi, c'est que l'on essaie de trouver ces limites, de les situer. Même les enfants font ça. Au musée, s'ils aperçoivent une caméra que l'on peut bouger, la première chose qu'ils font, c'est de voir jusqu'où elle peut bouger, si ça va se casser, si c'est prévu, etc. Il est facile d'être objectif en science, parce que la complexité est faible. Dans le cas d'un psychanalyste, par exemple, cela peut être beaucoup plus difficile parce que pour observer, un psychanalyste pose des questions. Et plusieurs paramètres peuvent alors interférer : la qualité de sa voix, la manière dont ses phrases sont construites. Ce n'est pas la même chose de dire : « Avez-vous une bonne relation avec votre mère ? » ou « Vous n'avez pas une très bonne relation avec votre mère, n'est-ce pas ? » L'objectivité n'est donc pas égale entre les disciplines mais un psychanalyste et un physicien peuvent tous les deux être parfaitement scientifiques si, dans chaque cas, ils poussent l'objectivité aussi loin que le leur permet leur discipline ; mais certains psychanalystes n'ont pas la volonté d'être objectifs ; d'ailleurs ils le disent.

L'intelligibilité est mon deuxième principe. Être intelligible, en science, renvoie à la capacité de comprimer, de simplifier. C'est du réductionnisme, mais du bon réductionnisme (il y en a aussi du mauvais ; on pourrait citer beaucoup d'exemples). Classifier, dire que deux choses apparemment différentes ont quelque chose en commun, appartiennent au même ensemble, c'est rendre intelligible. Imaginez par exemple que je sois en train d'observer un phénomène, et que je le traduise par des chiffres. Ce n'est pas obligatoire, mais je peux utiliser le système binaire. C'est un phénomène vraiment très complexe. J'écris une série de signes : 01 10 11 01 qui commence ici et finit à Barcelone, par exemple, c'est comme faire des centaines d'observations. Si j'imagine une autre séquence, 01 01 01 un million de fois, cette série s'avère plus intelligible que la série 011 011 parce que je vais pouvoir la comprimer et dire « 01 x un million ». Je viens de la compacter. L'intelligibilité se manifeste quand on trouve la loi ; et le prestige de cette loi, c'est le degré de compressibilité du résultat de l'expérience. Pensez à la loi de Hooke de l'élasticité : un kilo sur un élastique entraîne une élongation d'un mètre, deux kilos – deux mètres, trois kilos – trois mètres, etc. Tout scientifique (et tout un chacun) voit qu'il y a une proportion entre la force et l'élongation, f = kx. La compréhension passe par la compression. Je n'ai pas à envoyer des milliers de données. J'envoie la loi, qui est la forme de transmission des données la plus compacte. Être scientifique veut dire que si l'on dispose de plusieurs options, on utilise la représentation la plus intelligible. Si deux lois différentes expliquent avec le même mérite un phénomène, la plus scientifique est la plus courte. Jean-Marc a peut-être lui aussi fait l'expérience de rencontrer quelqu'un qui frappe à la porte du bureau avec des éclairs dans les yeux et qui dit : « j'ai une nouvelle théorie de la relativité » en désignant les deux à quatre kilos de papier qu'il a sur les bras, et qui se vexe quand on lui dit que cela ne peut qu'être mauvais parce que la théorie de la relativité d'Einstein tenait sur une feuille.

Le troisième principe, je le rappelle, est le principe dialectique. Je ne suis pas très ami des idées de Popper mais il faut reconnaître qu'il a eu deux ou trois très bonnes idées ; par exemple, le principe de réfutabilité. La représentation, en science, doit toujours être articulée à la réalité, et s'il faut faire un choix entre deux représentations, il faut opter pour la plus dialectique, celle qui va entrer le plus facilement en dialogue avec la nature elle-même. Ce peut être un dialogue direct ou ce que Einstein appelait les *Gedankenexperimenten*.

Les moyens sont divers, mais avec ces trois principes, on peut arriver à certaines conclusions. D'abord, la vérité scientifique, à cause du troisième principe, le principe dialectique, a une marque de caducité. Elle est toujours provisoire. Le bénéfice du principe d'objectivation est que la connaissance scientifique tend à être universelle parce que l'auteur lui reste extérieur : c'est une connaissance pour tout le monde. C'est pourquoi dans les musées des sciences, les scientifiques ne sont pas représentés. On n'a pas de galerie d'hommes de science. D'un point de vue épistémologique, l'auteur en sciences est une anecdote. En art, un artiste particulier peut choisir d'être objectif mais en général les artistes font le choix contraire, celui d'être dans l'œuvre d'art. Écrire, c'est toujours être dans la culture et l'écrivain est toujours dans son roman ou dans son poème. Plusieurs peintres se sont même peints dans le tableau comme c'est le cas de Durero. Enfin, entre qui et qui le principe dialectique s'établit-il ? En science, c'est entre l'auteur et tout le monde – tous les autres auteurs. En art, je crois qu'il faut reconnaître qu'on a fondamentalement affaire à une relation binaire et que l'universalité se mesure alors au nombre de couples binaires qui sont engagés dans l'expérience artistique. Mais il y a un problème avec ces trois principes : on ne peut faire de représentation que d'objets très très simples. C'est pour cela que la science peut étudier l'atome, la molécule, la cellule, peut-être même le système nerveux. Mais si j'ai une passion amoureuse, je ne vais pas trouver l'équation bio-physico-mathématique de cette passion qui est singulière entre moi et une autre personne. Comment faire pour transmettre cette émotion, cette inquiétude, cette passion amoureuse ? Le scientifique renonce. Il parle d'une « complexité infinie de nuances ». Mais tout à coup, il prend une fleur, court, fait un grand sourire… et l'autre personne lui dit : « J'ai tout compris, tu es absolument amoureux de moi. » Admettons le principe qu'il existe une méthode pour transmettre la connaissance des complexités inintelligibles ; toutes les méthodes fondées sur ce principe, je propose de les appeler « art ». C'est une connaissance qui voyage entre deux esprits. On a des déclarations datant de plus de trente mille ans de gens disant qu'ils ont reçu des émotions de ce type. On ne saura jamais s'il s'agit d'une émotion identique à celle qui a été émise mais on peut se fonder sur sa propre histoire pour déclarer que l'art existe, que ce principe fonctionne. En science, on peut avoir la certitude qu'une chose est fausse, qu'il y a une contradiction. La seule chose dont le récepteur de l'art peut être sûr, c'est que « c'est parvenu ». Mais si ce n'est pas parvenu, il ne peut pas affirmer pour autant que ce n'était pas de l'art. Le provisoire, en art, est très différent du provisoire en science. En science, c'est la vérité qui est provisoire ; en art, c'est la non-réception. Alors, que serait l'échec en art ? L'art se joue entre deux esprits, mais considérons le cas particulier où ces deux esprits n'en sont qu'un : celui du créateur. Il y là une procédure de vérification possible. Lorsqu'un artiste fait une œuvre, disons une sculpture, il a toujours la possibilité de recevoir l'émotion qui a été à l'origine de cette sculpture en se plaçant dans la position du spectateur de sa propre sculpture. Il peut dire s'il reçoit lui-même le message par la voie de l'œuvre. C'est une question de pratique de l'art et non d'épistémologie. C'est aussi, pour le même prix, une définition de la sincérité en art.

Mais il y a encore des complexités que ni la science ni l'art ne peuvent satisfaire. « Qu'est-ce que je fais dans ce monde ? D'où est-ce que je viens ? Où est-ce que je vais ? », etc. Parmi ces questions, il y en a bien sûr, auxquelles l'art essaie de répondre, peut-être même n'a-t-il fait que cela, mais il existe encore une autre méthode pour tenter d'y répondre. Soit un être pour lequel tout est objectif, tout est intelligible, cet être peut me *révéler* sa connaissance. Cette attitude ne concerne pas seulement la religion mais aussi ce qu'on appelle l'intuition. Une représentation nous parvient par différents réseaux, nous l'acceptons avec plus ou moins de force. Si nous l'acceptons avec trop de force, on peut l'appeler fanatisme.

J'en suis arrivé à la conviction – peut-être ai-je tort – que n'importe quelle connaissance, un poème, une musique, le travail d'un artisan, une chronique journalistique, tout ce qui a été créé (j'imagine mal quelque chose qui ait été créé et qui ne soit pas de la connaissance : on ne crée que de la connaissance) contient trois ingrédients ayant chacun un poids différent : le poids scientifique, le poids artistique, le poids révélé. J'ai utilisé ce schéma pour beaucoup de choses, pour faire une critique de la démocratie, par exemple, qui essaie d'organiser la coexistence entre les êtres humains avec une méthode scientifique. On essaie de garantir l'objectivité avec un Parlement et des députés à mandat limité. Ne pas être objectif, c'est confondre le sujet avec l'objet, c'est la définition de la corruption. Un Parlement oblige à s'expliquer, et les conséquences des décisions prises sont soumises dialectiquement à discussion. Dans les périodes préélectorales, même si l'intention de la démocratie est bonne, on est dans une sorte de démocratie très primitive, de protodémocratie. À l'heure de convaincre les électeurs, on échange la méthode objective et la méthode dialectique contre la méthode mystique : on affiche les portraits des candidats et on oublie les débats politiques. Plus de retour dialectique ; les « conseillers *es* image » conseillent de ne jamais reconnaître ses erreurs en public. Il n'y a rien de moins scientifique que cela. Le portrait des dictateurs est dans tous les lieux publics parce qu'il faut créer la confusion dans l'esprit du citoyen et l'amener à penser que le gouvernant est un Dieu. Ce schéma conceptuel m'a été utile également pour la transmission des connaissances. C'est un peu provocateur de dire cela, mais je crois que ce qu'on appelle pédagogie – la pédagogie comprise comme une science ou technique qui sert à transmettre n'importe quelle connaissance – n'existe pas. Je pense qu'il faut utiliser la même méthode pour créer de la connaissance (passer de l'image à la représentation) et pour la transmettre (passer de la représentation à l'exécution). J'ai testé cette idée au musée, et en appliquant ce schéma, j'ai supprimé 25 % des manipulations qui se trouvaient dans le musée et qui ne respectaient aucun des trois principes énoncés plus haut ; un dinosaure dont les narines crachent de la fumée a sa place à Disneyland mais pas dans un musée des sciences.

DÉBAT

1) Sur l'objet de la connaissance artistique et scientifique

Noëlle BATT : Si l'on se réfère au mot-valise qui constitue le titre de la série à laquelle appartient la première œuvre de Morellet dont vous avez parlé, *Geometrees*, ne peut-on pas penser que l'accent est délibérément mis sur la mutation de l'objet ? Plutôt que d'une observation de la structure géométrique du brin d'herbe comme vous l'avez dit, n'est-il pas plutôt question ici d'une extrapolation à partir du potentiel géométrique de l'herbe ?

Jean-Marc LÉVY-LEBLOND : Le terme de « mutation » me convient parfaitement. L'atome du physicien théoricien n'est pas l'atome qui est là. Un objet du réel, quand il est transporté dans la théorie et qu'il devient prétexte à formalisation, devient autre chose, se conceptualise. L'herbe du tableau de Morellet n'est plus une herbe. On est parti d'une herbe, que l'on garde bien entendu (l'origine reste là), mais elle est épurée, privée de nombre de ses propriétés. On peut dire de la même façon que l'atome du physicien est à la fois plus riche que l'atome réel parce qu'il est prolongé sur le plan théorique comme l'est l'herbe de Morellet, et moins riche parce qu'il est coupé de toute une série d'adhérences. Cette herbe transportée sur le tableau n'a plus de racines, elle n'est plus dans la terre, elle n'a plus ses voisines, donc ce n'est plus de la véritable herbe. Elle a perdu sur un certain plan, et elle a gagné sur un autre.

Yves ABRIOUX : Vous avez parlé du brin d'herbe dans ce tableau comme d'un objet quelconque. Et vous dites que le physicien travaille également à partir d'objets quelconques. Or, il me semble qu'un brin d'herbe dans une œuvre d'art contemporaine est tout sauf un objet quelconque. Il m'intéresserait donc de savoir ce qu'est un objet quelconque en physique théorique. Cela existe-t-il vraiment ?

J.-M. L.-L. : Quand je disais « objet quelconque », je voulais dire « objet banal non spécifié et non repéré à l'avance ». C'est dans ce sens que le brin d'herbe de Morellet est quelconque. Une fois qu'il est sur la toile, il n'est plus quelconque, c'est une évidence. Mais Morellet ne le choisit pas en vertu des propriétés particulières qui lui permettront de faire cette œuvre. C'est ce qu'il dit en tout cas. Il ne va pas trier dans le champ en se disant « avec cette herbe-là, j'arriverai à faire un travail intéressant ». Il prend véritablement la première, et il fait le travail. Le travail sera intéressant ou non, mais ce n'est pas dit d'avance. Pour reprendre mon raisonnement dans le cas de la physique : quand le physicien veut théoriser le fonctionnement d'un atome, il veut comprendre tous les atomes. Donc il va essayer de faire son travail sur un atome aussi peu singulier que possible. Seulement, il se peut très bien qu'il se trompe, qu'il travaille sur un atome qui justement se trouve avoir des propriétés un peu particulières ; ce qu'il va trouver ne sera donc pas représentatif. Il s'en rendra compte tôt ou tard.

Y. A. : Tout à fait. Mais quand un physicien travaille sur un atome quelconque, c'est malgré tout *un atome*. Or, l'atome en tant qu'objet de la science est tout sauf quelconque. C'est quelque chose qui a été construit il y a assez longtemps, avec un appareillage technique, conceptuel, théorique et mathématique très lourd. Je ne dirais pas que les atomes sont des objets quelconques.

J.-M. L.-L. : Tel atome est quelconque par rapport à des milliers d'autres. Comme l'est le brin d'herbe de Morellet… Si le mot « quelconque » vous gêne, disons « non distingué ». Le brin d'herbe de Morellet est *a priori* non distingué parmi les centaines de milliers d'autres brins d'herbe. Si c'était un brin d'herbe particulier, qu'il était plus haut que tous les autres, ou plus vert, etc., le travail n'aurait évidemment pas la même portée, ni le même intérêt.

N. B. : On pourrait opposer au cas de Morellet l'exemple de Mirò qui a lui-même choisi et ramassé sur la plage les bois flottés qui ont ensuite servi à l'impression des planches du livre d'artiste, *À toute épreuve*. Il y a bien là une différence de pratique entre les deux artistes. Morellet n'a pas distingué son brin d'herbe entre mille autres brins d'herbe, alors que Mirò a soigneusement distingué, pour leur forme particulière, les bois flottés dont il allait ensuite se servir.

Y. A. : En effet, mais je pense que le problème se pose autrement. Quand on dit que Morellet travaille « sur » un brin d'herbe, cela peut sembler aller de soi. Mais dire que Morellet travaille sur un brin d'herbe et qu'il met en jeu des questions d'abstraction, etc., c'est fonder son discours sur le sens commun de ce que c'est que de travailler « sur » un objet. Or, ce « sur » est quelque chose de très complexe. Travailler sur un brin d'herbe est, par exemple, historiquement et esthétiquement très codé. On pourrait aussi bien dire que, dans les *Geometrees*, Morellet travaille « avec » des brins d'herbe « sur » une phrase de Cézanne.

J.-M. L.-L. : Attention ! Il ne faut pas faire comme si j'avais tenu un discours de critique d'art, ce n'est absolument pas le cas. Je ne propose en rien une « interprétation » de l'œuvre plastique de Morellet, ou un commentaire informé d'esthétique. J'ai parlé uniquement de la manière dont je vois cette œuvre en tant que physicien bien je ne la voie pas en tant que physicien seulement : je n'ai développé qu'une petite partie de ce que je pourrais dire de cette œuvre, celle qui renvoie à ce qui nous réunit ici. Le travail de Morellet ne m'intéresserait pas s'il n'avait *que* cette portée-là. C'est évidemment un travail artistique qui se place dans une tout autre configuration.

Agnès DERAIL : Noëlle, tu as commencé ton exposé en disant que l'artiste se donnait pour mission de comprendre le monde. Une partie du public a réagi comme moi : je ne vois pas du tout de mission dans l'art. La tâche herméneutique se situe pour moi, au niveau du récepteur, et pas dans l'intention du créateur. Peut-être faudrait-il sortir de la vision de l'art comme représentation, et tenter de voir ce qui tient de la *présentation*, scruter ce qui s'y présente plutôt que ce qui s'y représente. S'agit du monde dans lequel on est ? Pas forcément. L'art n'est pas une science humaine. C'est peut-être dans ce qui se rate dans l'œuvre d'art que quelque chose du monde se présente, ce qui marquerait une différence avec la démarche scientifique, à moins qu'on ne dise, comme tout à l'heure, que la science se fait aussi dans les erreurs de sa production.

N. B. : J'ai peut-être un peu forcé l'expression si j'ai utilisé le terme de mission. Je pensais avoir utilisé celui de « tâche ». Je pense effectivement que l'art a, entre autres tâches, celle d'explorer le monde. Pour parler du rapport de la littérature au monde, j'emprunte souvent à Iouri Lotman la notion de « système de modélisation ». Il est certain qu'en introduisant le débat j'ai mis en avant ce qui nous rapprochait, plus que ce qui nous éloignait de nos amis physiciens. Mais je maintiens, oui, en accord avec eux et avec Milan Kundera que l'art est une connaissance.

J. W. : Je crois, moi aussi, que l'art est une forme de connaissance, l'une des trois formes de connaissance possibles.

a) L'inscription du sujet (artiste ou scientifique ; producteur ou récepteur) dans sa création

A. D. : Vous avez établi, Jean-Marc Lévy-Leblond, une analogie entre la géométrie du brin d'herbe et votre démarche scientifique en disant que la théorie n'est pas dans l'objet. Précédemment, vous aviez dit que la toile de Morellet rendait visible ce qui était latent. Je perçois là une contradiction. Si c'est latent, c'est quand même quelque part dans la chose. N'y aurait-il pas là une limite de l'analogie entre la manière dont la physique rend compte de quelque chose qui serait peut-être quelque part dans la nature alors que malgré tout l'artiste… Comment aborder ce problème ?

Jean-Marc Lévy-Leblond : Je me suis peut-être mal exprimé. La latence est dans mon regard, ce qui fait disparaître la contradiction.

Sur la question de la prise en considération du point de vue de l'observateur dans le travail scientifique, il faut rappeler qu'en physique, en mathématiques, en biologie, ce n'est pas le monde dans lequel on vit qui importe, c'est le Monde. Il y a justement cette présupposition que le monde existe indépendamment de notre présence à lui ; et que le principe même de notre connaissance, c'est de faire comme si nous n'y étions pas. De ce point de vue, je crois que rien n'est en train de changer. Ce qu'on appelle le « rôle de l'observateur » dans la théorie quantique traduit très mal des problèmes réels. Il ne faut pas confondre des exégèses philosophiques – fussent-elles le fait des fondateurs de la théorie elle-même (Bohr ou Eisenberg) – avec le contenu de la théorie, susceptible de diverses interprétations.

Y. A. : Vous avez dit plusieurs fois, Jorge Wagensberg, qu'en science être objectif est relativement facile. Mais si c'est le cas, pourquoi dépense-t-on tant d'argent à former des scientifiques, à mettre en place des dispositifs théorico-techniques pour pouvoir établir que quelque chose existe objectivement ? Pour poser la question autrement, considérons l'énoncé scientifique objectif : « Le vide existe. » Faire accepter une déclaration aussi simple que celle-là a été extrêmement compliqué. Si cela paraît simple aujourd'hui, c'est parce que l'on a enfermé dans une sorte de boîte noire tout ce qui a permis de le dire.

J.-M. L.-L. : D'ailleurs, le vide n'existe pas…

Y. A. : Bien entendu. Je prends cet exemple car il est représentatif d'un débat scientifique aux origines de la science moderne ; cela a été un débat très complexe et très coûteux, y compris politiquement.

J. W. : L'objectivité concerne la relation entre l'observateur et la réalité. L'exemple que vous donnez est celui d'un énoncé scientifique, d'une hypothèse à propos desquels la question de l'objectivité ne se pose pas.

Y. A. : Alors qu'est-ce que l'objectivité ?

J. W. : L'objectivité ne sert pas à évaluer la qualité d'un énoncé scientifique. L'objectivité est une façon de se positionner par rapport à un morceau de matière.

Y. A. : Mais, concrètement, comment le faites-vous ? L'objectivité est un objectif.

J. W. : Nous n'avons pas la même définition de l'objectivité…

Y. A. : Pour moi, l'objectivité ne se décrète pas, elle se prouve.

J. W. : Les principes ne se prouvent jamais. Un principe n'est jamais ni vrai ni faux. On l'accepte ou on ne l'accepte pas. À quoi est-ce que je me réfère quand je parle d'être objectif en science ? Être objectif en science, c'est faire un effort pour que les résultats de l'observation soient les plus universels possibles dans la communauté scientifique. Le bénéfice de ce principe est de diminuer le plus possible le poids du sujet qui a fait cette observation. Être le plus objectif c'est choisir le moyen qui affecte le moins l'observation. Comment appliquer cette définition à l'énoncé : « Le vide n'existe pas » ? On pourrait le faire si on construisait un appareillage pour mesurer le vide.

J.-M. L.-L. : Je voudrais proposer un très bref commentaire pour tenter d'éclairer ce débat, dans lequel je ne me situe ni d'un côté, ni de l'autre. Je me demande s'il n'y a pas une confusion implicite entre « objectif » et « valide ». Un énoncé objectif peut être invalide. Une bonne partie de la science consiste à produire des énoncés dont on va s'apercevoir que tout en étant objectifs, ils ne sont pas vrais, (je préfère dire « invalides »). La question du vide peut être caractérisée de la manière suivante. Un énoncé du type « le vide existe » est objectif au sens où – apparemment – il ne convoque pas dans son énonciation la participation de celui qui le dit. Bien entendu, je ne dénie pas la trajectoire historique qui fait que le mot « vide » est lui-même hautement connoté et qu'il présuppose toute une histoire de la pensée et toute une tradition. Pris comme tel, cet énoncé ne contient aucun jugement de valeur explicite. Reste à voir ensuite s'il est valide ou pas, mais ce sont deux choses distinctes.

J. W. : C'est pour cela qu'il y a deux principes…

J.-M. L.-L. : L'idée est d'arriver à énoncer « Le vide n'existe pas » sans se référer à des raisons *a priori* pour lesquelles ce principe serait valide ou non, c'est-à-dire à une référence religieuse, métaphysique, etc. C'est cela, le principe d'objectivation : se détacher des racines qui pousseraient *a priori* à considérer un énoncé comme valide ou invalide.

Y. A. : C'est donc un objectif et pas un principe. On ne peut pas, avant d'avoir fait le travail que vous résumez là, tracer une frontière entre subjectif et objectif. C'est pourquoi je ne vois pas comment on peut dire qu'être objectif est un principe simple. La science prouve le contraire. L'objectivité se gagne très difficilement et le fait de déclarer que « le vide existe » est un énoncé scientifique objectif – et non pas, par exemple, un énoncé politique – ne va pas de soi. Cette question a donné lieu à des débats très très ardus – politiques autant que scientifiques – en Angleterre au XVIIe siècle. On peut éventuellement trouver l'objectivité au bout de la chaîne, mais je ne vois pas comment on peut l'établir comme principe.

J. W. : L'objectivité est plus facile à atteindre avec des systèmes simples qu'avec des systèmes complexes (par exemple, une boule de billard plutôt qu'un être humain). Pour observer la boule de billard, j'utilise quelque chose (des photons, par exemple) qui n'affecte pas l'état physique de la boule de billard. Dans le cas d'un esprit humain, l'observer consiste à l'interroger, ce qui affecte l'état physique et/ou mental du patient.

Je ne prétends pas que le problème de l'objectivité soit résolu en science. C'est un problème qui se pose quotidiennement aux scientifiques.

J.-M. L.-L. : Jorge, accepterais-tu que l'on parle de principe d'objectivation plutôt que de principe d'objectivité ? Le postulat est ici que je ne fais de la science que si je peux mettre la chose à distance. Cela marche ou non ; si cela ne marche pas, ce n'est plus de la science.

Y. A. : Il y a des domaines où il est plus facile de transformer l'objet dont on parle en témoin fiable. Si l'on utilise toujours la même procédure pour l'interroger, on aura toujours la même réponse

J. W. : C'est autre chose. Il s'agit là du degré de répétabilité. Cela n'a rien à voir avec l'objectivité.

b) Sur le rapport à la tradition artistique (intertextualité, interdiscursivité, interartisticité, interculturalité)

Françoise SAMMARCELLI : À propos du rapport au monde de l'artiste, il apparaît que ce rapport est un rapport à un monde de discours, de pratiques esthétiques. On a mentionné l'intertextualité, et il me semble que c'est plutôt là que se situerait le rapport à explorer. D'où mon assez grand embarras lorsqu'on parle, entre guillemets, de « progrès de l'art ». C'est le problème que m'a posé la conclusion du chapitre 6 de Jorge Wagensberg. Parler d'évolution, peut-être ; pour ce qui est du progrès, je ne vois pas sur quel critère le construire, sauf à articuler un peu plus finement dans la pratique esthétique ce qui serait le rapport entre cette idée de progrès et l'intertextualité. Puisque vous parlez du produit d'une dialectique entre innovation et travail d'une part, auto-organisation et adaptation de l'autre, je ne sais pas jusqu'à quel point on peut penser cette évolution en termes de « progrès ». Ce point de vue me paraît assez réducteur. Je crois qu'il est par définition impossible de retenir la notion d'objectivité dans ce cadre. Et cela ne me semble pas étranger à ce que disait Agnès Derail de la différence entre *représentation* et *présentation.*

J. W. : Quand on parle de « progrès » de la connaissance, il ne faut pas en parler comme on le ferait si on parlait du progrès d'un système… Dans le cas d'un être vivant envisagé comme système, le progrès pourrait se définir comme la faculté de résister aux fluctuations de l'environnement. Si l'on prend comme exemple de connaissance la façon de transmettre une émotion provoquée par le monde réel, il y a deux façons d'envisager le progrès. Il peut y avoir une augmentation des émotions à transmettre (ainsi, plus on progresse dans la recherche scientifique et plus il y a d'émotions à transmettre – conséquence des découvertes faites). Il peut aussi y avoir une augmentation des modes de transmission. En science, on progresse nécessairement parce que les deux choses s'y passent, mais dans l'art c'est surtout la deuxième qui se produit. Car les émotions n'ont pas vraiment changé depuis 30 000 ans. En revanche, il y a trente mille ans, on n'avait pas les moyens de transmettre toutes les émotions, ou de les transmettre avec la même intensité. L'homme d'Altamira ne pouvait pas s'exprimer dans un poème – enfin, qui sait, peut-être que si, après tout.

c) Sur le rapport à l'histoire

J.-M. L.-L. : Le paradoxe en la matière, c'est que la question de l'histoire de la science soit celle de son absence et que cette absence soit elle-même historique. Je m'explique. La science contemporaine, disons *grosso modo* celle du XIXe siècle, a chassé sa propre historicité ; elle l'a oubliée. La science classique, celle du XVIIe ou du XVIIIe, ne fonctionnait pas ainsi : elle avait une mémoire beaucoup plus active. Le jeu de la citation, du renvoi à l'œuvre des fondateurs, s'effectuait sur des périodes de temps relativement longues. On citait des gens qui avaient travaillé cinquante ou cent ans au moins auparavant. Tout cela disparaît au cours du XXe siècle où s'opère un rabattement sur une contemporanéité très étroite. La science travaille aujourd'hui dans un présent extrêmement étriqué, en croyant qu'elle aurait ce privilège, assez exorbitant dans les activités intellectuelles de l'humanité, d'être capable de digérer son passé pour le transformer en pur présent. On paie encore un tribut purement honorifique, en citant les lois « de Newton », en mentionnant des noms, mais ce n'est pas de l'histoire, c'est simplement du rituel. La science est devenue anhistorique. Ne nous y méprenons pas ; cela a marché pendant un temps. Comme d'autres transformations sociales dans le fonctionnement de la science, cela a permis des gains de productivité (je parle délibérément ici un langage économiste) ; mais il me semble que l'on peut aujourd'hui discerner le coût de cette évolution dans de nombreux secteurs.

Là où devient difficile la comparaison entre les activités culturelles (arts plastiques, littérature) et la science, c'est qu'il n'y a pas d'essence de la science. Elle est elle-même dans l'historicité. Si on parle de la science d'aujourd'hui, oui, elle est devenue anhistorique ; et de ce point de vue, elle s'est déculturée. On ne pourrait pas porter le même jugement à propos de la science du XVIIe et même du XVIIIe ou du XIXe siècle. Je crains que la situation actuelle ne se prolonge. Quand on parle de « technosciences », on met à juste titre l'accent sur le caractère technique, purement opératoire de la science, au détriment de son caractère spéculatif. Évidement, cela ne va pas sans susciter des réactions : il y a des individus (vous en avez deux devant vous) qui prennent du recul par rapport à cette situation, parce qu'ils la trouvent déplaisante par rapport à leur propre relation à la science, mais aussi parce qu'elle est contre-productive par rapport aux objectifs mêmes de la science. Mais ces réactions sont extrêmement minoritaires et rien ne dit qu'elles soient amenées à s'amplifier. Je crains d'ailleurs qu'elles ne le fassent pas.

Or, une partie du développement de la science consiste à aller ré-explorer dans le passé des voies qui ont été délaissées. Il est très frappant, pour notre génération, d'avoir vu repartir tout un domaine qui avait été exclu du champ scientifique – je pense à la dynamique des fluides, à la turbulence, à ce qu'on appelle désormais la « théorie du chaos ». Quand Jorge et moi étions étudiants, cela ne faisait pas partie des programmes ; c'était considéré comme de la vieille science du XIXe siècle. Nos prédécesseurs avaient fait ce qu'ils pouvaient et dorénavant, cela ne pouvait plus concerner que les ingénieurs et les plombiers ; mais cela ne regardait plus les physiciens, qui s'occupaient de choses bien plus sérieuses : les atomes, les quasars…

Voir resurgir dans les années 1960-70 tout un champ qui s'était enlisé dans les années 1890 a été une surprise par rapport à la conception, devenue dominante, d'un développement linéaire, progressiste au sens banal du terme, et où l'on avancerait toujours dans la même direction, d'une façon continue. Et bien, non, cela ne se passe pas ainsi, ce qui est beaucoup plus intéressant d'ailleurs. Il y a des phénomènes de récurrence. On repart en arrière, ailleurs. Dans le cas que je cite, on peut montrer que tout ce champ de la science *aurait pu* ne pas être oublié. S'il s'est redéployé à ce moment, c'est certes aussi pour des raisons techniques. Parce qu'on avait des ordinateurs, que l'on pouvait faire des calculs qu'on n'aurait pas pu faire 100 ans auparavant. Mais cela ne suffit pas à tout expliquer. Il a fallu quelques décennies pour que les physiciens retrouvent des textes, se familiarisent à nouveau avec les œuvres de Poincaré par exemple. Une conception reculturalisée de la science, qui l'amènerait à reprendre son histoire en compte en permanence, serait féconde pour elle. C'est une banalité dans tous les champs de la culture. Ce qui est non trivial, c'est de comprendre pourquoi la science a pu imaginer qu'elle pouvait se passer de l'histoire ; de saisir comment, par quels mécanismes – pas seulement intellectuels, mais sociaux, économiques – elle s'est retrouvée ainsi écrasée dans une sorte de présent très étroit.

J. W. : Je suis d'accord avec Jean-Marc Lévy-Leblond. Il y a dans un certain nombre de domaines un excès de rigueur scientifique par rapport à la méthode. Un des cas les plus frappants pour moi, c'est celui de Stephen Jay Gould qui occupe une position prédominante dans le domaine des sciences de la vie. Le mot progrès est entré dans les sciences avec Darwin. On a essayé de faire avec « progrès » ce qu'on a fait avec « force » ou « énergie ». Comme souvent en sciences, le scientifique emprunte un mot de la langue courante et tente de lui donner une dignité scientifique. S'il n'y arrive pas, le coupable est le terme, jamais le scientifique. On ne peut plus dire « progrès » devant un biologiste sans se faire regarder de travers. Il faut tout de suite présenter des excuses, lui dire : « Désolé, mais je n'ai pas d'autre mot. » Pour ma part, je pense que si on arrive un jour à avoir une théorie de la complexité, et une théorie plus précise de l'évolution, la notion de progrès y jouera un rôle. Le rejet de la notion par l'école de Stephen Jay Gould procède d'un excès de zèle dans l'application de la méthode scientifique, d'un excès d'objectivation. On peut dire que le mot est très chargé du point de vue culturel, qu'on n'a pas de bonne définition, mais il ne faut pas confondre rigueur scientifique et *rigor mortis…*

2) Les modalités de la connaissance

Communicabilité de complexités inintelligibles ou modélisation ?

* *Sur la transmission de communicabilités intelligibles*

Y. A. : Il est peut être intéressant d'explorer la notion que la transmission artistique se fait sur un mode binaire. Vous faites, Jorge Wagensberg, de cette notion de transmission, un critère de vérification. Si, au moment où le créateur est confronté de nouveau à son œuvre, il lui revient l'émotion d'« origine », il y aurait, d'après vous, confirmation de la transmission. Cette autotransmission serait un cas limite de la transmission binaire. Ce critère est purement pragmatique et non vérifiable. Il faut croire ce que dit le récepteur. Ne peut-on pas inventer d'autres critères pragmatiques ? On pourrait dire que la preuve que quelque chose est transmis d'une œuvre d'art, serait apportée, non pas par le nombre de personnes reconnaissant qu'une émotion leur a été transmise mais par le surgissement d'une nouvelle œuvre, par exemple. À partir d'une première création, on peut concevoir différents enchaînements possibles. Il en va de même dans le domaine scientifique où la fiction, comme la simulation sont des procédures de création. Il se trouve que dans ce domaine tel que la communauté scientifique s'y reconnaît, il y a des règles d'enchaînement très précises et que dans le domaine artistique, les règles d'enchaînement ne sont pas formalisées de la même façon. On peut les inventer beaucoup plus librement. Je m'interroge donc sur la distinction que vous faites. Le problème qu'elle pose est peut-être plus un problème d'enchaînement que de binarité de l'émission et de la réception.

J. W. : C'est ma définition ; on peut la discuter mais je pense qu'elle est bonne. L'acte artistique se produit quand quelqu'un a émis quelque chose et que d'autres le reçoivent et déclarent qu'ils ont reçu quelque chose. Il y a bien sûr des problèmes de vérification. La réaction du créateur quand il regarde son œuvre est une bonne procédure de vérification. Il faut le croire sur parole mais l'identité de l'émotion n'est pas indispensable à la définition. Le récepteur doit se sentir artiste.

Quand une nuance en musique ou en peinture vous a vraiment ému, une partie du plaisir éprouvé vient de ce que l'on se sent artiste, aussi protagoniste que l'émetteur. Il n'est pas nécessaire, et peut-être impossible, d'en dire plus. C'est ce qui permet de juger de la sincérité. L'artiste qui triche sait qu'il a triché quand il ne reçoit pas d'émotion de sa propre œuvre. Il est en revanche possible que quelqu'un reçoive une émotion que l'artiste n'aurait pas ressentie. Cela peut se passer avec un « *ready made* ». Quelqu'un vous dit : « regarde cet arbre », comme faisait Duchamp quand il mettait un objet devant vous.

Y. A. : Il ne faisait pas exactement cela.

J. W. : En effet, il choisissait l'objet dans un contexte. L'exemple n'est peut-être pas très bon. Mais ma définition suffit pour décrire ce qu'est l'acte artistique. Elle est suffisante, parce que ce que l'on peut appeler l'universalité de l'art c'est-à-dire le nombre de paires artiste/récepteur qui sont reproduites, donne l'idée d'une œuvre d'art qui aura été très bien comprise ou qui aura eu un succès sur le plan social ou dans un certain milieu. Pour avoir une véritable universalité en art, on aurait besoin d'un principe très semblable à celui de l'objectivation.

Y. A. : On peut envisager les choses autrement. La preuve que Poussin a réussi, ce serait, par exemple, que Cézanne a existé. De même, la preuve que Cézanne a réussi, ce serait que Morellet existe. Et ça n'a rien à voir avec une communauté de sentiments partagés. Rien du tout.

J. W. : Moi, ce que je dis, c'est que si Cézanne a regardé son tableau et que l'acte artistique se produit avec un seul tableau, Cézanne a déjà existé comme artiste.

Y. A. : Pas avant qu'une communauté ne se soit mise d'accord pour dire que Cézanne a bien produit un tableau. Un tableau n'est pas un objet qui est là et qui s'auto-décrète. Un tableau n'est pas un objet quelconque.

J. W. : C'est une œuvre d'art.

Y. A. : Ce qui présuppose une définition, un faisceau de conditions technologiques, historiques, etc. C'est quelque chose de très complexe.

J. W. : Mais cela n'est pas essentiel dans la définition de l'acte artistique. Si l'on veut une définition, il faut séparer ce qui est essentiel de ce qui ne l'est pas. Bien sûr, il y a tout un contexte social, un technologie, une histoire qui ont permis à Cézanne d'être Cézanne. Mais ce n'est pas Cézanne que je veux essayer de définir, c'est la méthode par laquelle Cézanne et tous les autres artistes de ce monde construisent de l'art. Nous aussi, nous sommes chaque jour des artistes en ce sens. Quand on vous présente quelqu'un, vous lui tendez la main, vous le regardez dans les yeux. Il y a toute une connaissance à propos de cette personne qui s'opère par le biais de la méthode artistique. Et puis vous faites un geste, votre visage exprime quelque chose. À la limite, selon ma définition, ce serait un mode de transmission artistique.

Y. A. : Une méthode artistique ?

J. W. : Oui. Imaginons que l'on cherche à définir une personne. Une définition scientifique serait : toutes ses molécules, avec toutes leurs possibilités, leurs propriétés thermo-dynamiques et chimiques, à ceci près que l'interlocuteur ne peut pas savoir qui il a en face de lui avec cette méthode scientifique. En revanche, il peut voir dans les yeux de la personne une façon de rire, d'être là, qui fera qu'il acceptera d'aller dîner avec elle, ou qu'il ne voudra plus la revoir de toute sa vie. Et pour cela, il aura utilisé la méthode artistique.

**Sur la modélisation de la complexité*

J.-M. L.-L. : J'utilise assez peu le mot « modèle » et encore moins celui de modélisation. Personnellement, agir sur le monde ou le prédire ne m'intéresse pas spécialement. Je parle là au nom de la dimension théorique de la science. Ce qui m'intéresse, c'est de comprendre le monde. Ici, je ne suis pas totalement d'accord avec Jorge Wagensberg sur l'utilisation de la notion d'intelligibilité ; ou du moins, je ne l'utiliserais pas dans le même sens. Pour moi, l'intelligibilité du monde est essentiellement conceptuelle. Je ne me satisfais pas d'avoir une formule, aussi compacte soit-elle, qui rassemblerait toute l'information. S'il n'y a pas derrière elle toute une architecture conceptuelle et verbale, je ne suis pas satisfait. Cette compréhension, cette « compréhensibilité » en termes de concepts – ce que j'appelle banalement la théorie –, la modélisation peut m'y aider. Devant la confusion du monde et des phénomènes réels, je peux me dire que les choses sont vraiment trop compliquées pour que j'en appréhende la complexité et décider de m'en faire un modèle, au sens où l'on parle de modèle réduit. J'épure donc, j'élimine tout un tas d'aspects du phénomène en espérant qu'ils sont secondaires, pour en garder seulement certains. Si je m'y suis bien pris, ce modèle me permettra d'accéder à une compréhension théorique qui ne m'est pas donnée sur le réel brut. Modélisation oui, mais uniquement comme moyen d'accès à une théorisation. La fabrication d'un modèle, la modélisation, est essentiellement un instrument méthodologique qui n'a de sens que si elle me permet de passer à un niveau qui soit d'une tout autre nature, celui du concept.

A. D. : Une fois que le modèle a permis d'accéder à la théorie, que fait-on du modèle ?

J.-M. L.-L. : Dans le cas idéal, on met le modèle au rebut. Un exemple. Lorsque Maxwell crée la théorie de l'électromagnétisme, il veut comprendre la propagation et les interactions des champs électriques et magnétiques. C'est un cas d'école. Maxwell se donne un modèle mécanique, c'est-à-dire une représentation mentale qui est celle d'un monde où l'on ne sait pas encore penser les choses autrement qu'avec des petites boules et des choses articulées – la mécanique au sens trivial, matériel, du terme. Maxwell construit donc un modèle mécanique de l'éther, ce milieu hypothétique dans lequel se propageraient les champs électromagnétiques. Il y a des petits dessins, des engrenages, des choses qui tourbillonnent. Sur la base de ce modèle, se construit ce qu'on appelle aujourd'hui la théorie de Maxwell, un système d'équations d'une esthétique impressionnante et d'une très grande fécondité. Quel est l'avatar de la dite théorie ? Une fois qu'on a les équations, en l'espace de vingt à trente ans, les concepts sous-jacents émergent, alors qu'ils n'étaient pas visibles au départ – en particulier le concept même de champ. Initialement, l'idée que se font les physiciens de la notion de champ, sert à traduire un état de propagation dans un milieu (par exemple d'une vague sur l'eau). Or, petit à petit, dans le cas de l'électromagnétisme, on va s'apercevoir que le milieu, l'éther, pose des problèmes extrêmement difficiles à résoudre quant à sa nature. On va donc l'abandonner. Ce qui était pris de prime abord pour une apparence, un phénomène externe, va devenir une nature profonde. Je m'explique. Il n'y a plus de milieu de propagation ; la charge ontologique se déplace vers le champ lui-même. Le champ n'est pas la traduction de l'état de mouvement d'un milieu sous-jacent ; il n'y a pas de milieu sous-jacent. Ce qui existe, c'est un champ : le champ électro-magnétique. Cela veut dire que, dans ce cas particulier, le modèle de Maxwell est mis à la poubelle, puisqu'il n'a plus aucun rapport avec la représentation que désormais nous nous faisons du monde. Il n'en va pas toujours ainsi. Il peut y avoir des modèles qui soient moins arbitraires, moins artificiels, moins éloignés de la théorie finale. Auquel cas ils peuvent rester présents (pour leurs vertus pédagogiques par exemple), permettant d'expliquer le passage vers le concept. Cela dépend des stratégies historiques.

Le rôle de la fiction

J.-M. L.-L. : Mon usage du terme « fiction » procède d'une intention polémique. Je tente moins de proposer une théorisation globale de ce que serait la science et de son fonctionnement, que de mettre en évidence des apories dans ses représentations traditionnelles. C'est-à-dire que si j'invoque ici la notion de fiction, ce n'est pas du tout aux fins de dire que la science est « comme » la littérature et qu'elle crée de la fiction. C'est plutôt pour aller contre les banalités courantes qui veulent que les scientifiques s'occupent du réel alors que les écrivains inventent du fictif. C'est dans une intention un peu provocatrice que je défendais l'idée que si l'on prend le mot « fiction » au sérieux, on peut avancer que la science passe son temps à faire de la fiction, au sens où elle invente des choses qui ne sont effectivement pas dans le réel.

Et ce n'est pas vrai uniquement de la théorie. Le geste de l'expérimentateur est aussi un geste de fictionnalisation, en ce sens que l'archétype de l'expérimentation (en physique, le geste de Galilée) consiste à faire quelque chose qui n'est pas dans la réalité, à se raconter une autre histoire. On étudie la chute des corps, non pas en racontant l'histoire de la pierre qui tombe, mais en montant un autre scénario. On va s'intéresser à une boule qui roule sur une rigole. On construit un dispositif qui n'est pas un dispositif donné dans la nature mais que l'on monte de toutes pièces. On construit une histoire nouvelle dans l'idée – qui se révèle effectivement féconde – que cette histoire nouvelle va nous dire quelque chose sur l'histoire banale de la pierre qui tombe tout droit. Il y a là un dispositif à certains égards narratif et qui procède à la fois par la création d'un scénario inédit et aussi (bien entendu c'est fondamental dans tout choix littéraire) par l'élimination de toute une partie du réel. L'histoire que nous raconte Galilée, c'est comme ce que font les enfants quand ils disent : « On dirait que… » Alors, on dirait qu'il n'y a pas d'air. Mais il y a de l'air. Quand une pierre ou une feuille tombe, elle tombe dans l'air. Galilée dit : « On va essayer de se raconter la même histoire, mais comme s'il n'y avait pas d'air. » C'est à partir de cette fiction – en négligeant la résistance de l'air, pour le dire dans la terminologie des physiciens – que l'on va accéder à la nature profonde mais cachée de la chute des corps…

N. B. : Je voudrais reprendre ce que vous avez dit à propos des équations qui sont parfois plus intelligentes que le mathématicien pour y apporter l'écho des écrivains qui expriment souvent ce sentiment que le livre est plus intelligent qu'eux, qu'il vient un moment où il leur échappe, se fait tout seul. Le texte littéraire ou poétique semble fonctionner comme un système partiellement auto-organisateur ; il fait des choses qui n'ont pas été voulues par l'auteur.

J.-M. L.-L. : L'objectif était d'insister sur un point qui est en général mal traité dans la littérature épistémologique banale, et selon lequel le formalisme théorique ne serait qu'une sténographie de notre compréhension du réel, un résumé compacté de ce que nous savons déjà. Ce n'est pas du tout vrai, le formalisme théorique recèle des ressources insoupçonnées dont nous ne savons pas encore ce qu'elles vont produire.

La simulation et la mutation épistémologique qui en résulte

J. W. : L'histoire de la science est déjà longue et il se peut que l'on soit près d'une révolution dans la méthode. Il faut noter qu'il y a eu jusqu'à présent deux directions – entre connaissance et réalité – qui ont été les moteurs du progrès scientifique : d'abord la flèche qui part de la connaissance vers la réalité ; puis celle qui part de la réalité et arrive à la connaissance. Ce sont deux formes d'interactions différentes. L'une fait changer la manipulation, l'autre amène à corriger la théorie. Il faut admettre la possibilité que la simulation parvienne au même statut. On va peut-être en arriver là.

Si l'on se rappelle les réunions de physique d'il y a vingt ans, il y régnait une grande confusion. Des gens arrivaient avec une simulation qui tenait lieu de manipulation, d'une manipulation qu'on ne pouvait pas faire. En cosmologie, par exemple, on ne peut pas changer les conditions d'une galaxie. Or, ce n'est pas la même chose de présenter une théorie seule ou accompagnée de la simulation d'une expérience.

On peut aussi utiliser une simulation dans le sens inverse. Prenons le cas d'un chimiste qui travaille sur une molécule. Il ne peut pas faire une théorie d'une molécule de cent mille atomes. Il présente donc une simulation qui tient lieu de théorie.

Le paysage scientifique aujourd'hui montre assez clairement que la simulation représente une troisième voie d'approche, à côté de l'expérience et de la théorie. Il n'y a plus seulement deux directions, il y en a six. Ce qui est en train de se passer, c'est que l'on peut démontrer que la simulation est susceptible de se substituer aussi bien à la théorie qu'à l'expérimentation. Il s'ensuit un problème de crédibilité. Si l'on trouve une expérience démontrant la théorie de la relativité, tout le monde y croira mais si quelqu'un produit une simulation sur ordinateur, il y aura un défaut de crédibilité : on lui dira de repasser le programme une seconde fois, parce qu'on pensera qu'il y a sûrement une erreur. Tout cela est une question de temps, bien entendu. Les choses peuvent évoluer. L'évolution des machines qui traitent l'information est très rapide aujourd'hui. Il y a déjà des choses que l'on ne peut pas maîtriser autrement. Du point de vue de la maîtrise des données, l'ordinateur remplace à la fois le télescope et le microscope dans le domaine du complexe, parce qu'il permet de gérer la complexité. Prenons l'exemple de la circulation urbaine. S'il y a des accidents à un carrefour, la meilleure façon de les prévenir dans l'avenir, c'est de simuler deux cent mille situations pour permettre à l'ordinateur de trouver la solution optimale. Il est important pour la communauté scientifique que des philosophes se penchent sur le problème de la simulation comme sur un problème nouveau et actuel.

3) La pulsion de connaissance

Serge ZENKINE : Je vous livre ici quelques éléments de réflexion que m'ont suggéré les tableaux que nous a montrés Jean-Marc Lévy-Leblond et qui rejoignent sa réflexion en un point qui me semble sensible. Ce qui m'a frappé dans ces tableaux, c'est un effet récurrent essentiel, qui est le passage du discontinu au continu, du digital à l'analogique. Par exemple, les petits tirets de quatre centimètres se réunissent en courbes. Et un arc en briques articulées en unités distinctes se prolonge par une bande lisse et continue. Ce faisant, l'on passe non seulement à un autre plan spatial, mais aussi à un autre mode d'existence de la chose qui devient distincte du monde et continue. Or, nous disposons tous d'un moyen privilégié de connaissance qui est essentiellement distinct du monde et continu, c'est notre corps. Plusieurs de ces images contiennent – c'est évident pour moi – des associations et des impressions corporelles. Je vois dans les tirets de quatre centimètres quelque chose comme l'amorce d'une image télescopique des lignes de la paume de la main, ou de celles d'une chevelure. L'objet invisible, avec sa rupture démonstrative, c'est quelque chose comme une blessure qu'il s'agit de refermer pour reconstituer la continuité du corps initial. Il est curieux qu'une inscription discrète à en être distincte, puisse servir d'instrument pour la continualisation de la matière. Ce sont là des associations subjectives, bien sûr, mais le choix d'associations concrètes relève de la subjectivité. Et la nécessité de faire ce choix ne me semble ni subjective, ni fortuite. Le sentiment de bonheur lié à la reconnaissance doit toujours avoir un certain rapport avec le corps qui devient comme l'instance intermédiaire de la connaissance. On dit « ça me dit quelque chose », c'est-à-dire qu'entre « ça » et « moi », s'établit un rapport d'analogie. Et c'est ici que les choses deviennent très problématiques. Vous avez montré de façon convaincante l'analogie entre ces œuvres d'art minimalistes et les procédures élémentaires de la pensée théorique en science. Or, c'est une chose assez banale que de dire que l'on fait de l'art avec son corps. En considérant bien entendu « faire de l'art » du point de vue du créateur comme du point de vue du récepteur. Peut-on dire que l'on fait de la science (avec son parti pris d'objectivité) aussi avec son propre corps ? Je n'ai pas de réponse à cette question, mais la question s'impose.

4) Les implications de la connaissance. Le retour sur le réel ; les effets rétroactifs

N. B. : Jean-Marc Lévy-Leblond, vous dites à propos du troisième tableau que vous avez présenté et qui met en scène un travail d'extrapolation qu'il y a des moments où ce travail échoue. Je me demande si la question de l'échec ou du non-échec n'est pas un point de différence important entre l'œuvre d'art et le travail scientifique, car en un sens l'œuvre d'art n'échoue jamais. Une distinction entre l'art et la science s'impose peut-être quand on parle des implications ou des applications des deux domaines. Il est vrai que la littérature extrapole, mais n'est-elle pas toujours plus ou moins en extrapolation libre sans être menacée d'échec, alors que la science est plus soumise à cette menace ?

J.-M. L.-L. : Je ne sais pas. Il y a tout de même un certain nombre d'écrivains qui jettent beaucoup au fur et à mesure qu'ils écrivent, qui raturent… C'est à cette notion-là d'échec que je pensais.

N. B. : Dans le cours du travail…

J.-M. L.-L. : Oui, je ne posais pas la question au niveau de l'œuvre. Ce n'est pas l'œuvre qui échoue mais le travail de production. Il faudrait rentrer ici dans un débat plus historique : je ne sais pas si dans la grande peinture classique où les gens travaillaient avec des modèles très forts et très contraignants, la question se posait de la même façon que dans le cas de Morellet.

James Underhill : Effectivement, je pense que l'idée que l'échec en art ne se pose pas, est une idée relativement récente. Il ne faut pas oublier que la pratique de l'art était soumise à un apprentissage, que l'art impliquait l'application de principes, de règles, qui étaient là aussi pour être transgressés bien sûr. On peut donc difficilement poser cette question en dehors d'un contexte historique précis.

Jorge Wagensberg

IDÉES POUR L'IMAGINATION IMPURE 53 RÉFLEXIONS DANS LEUR SUBSTANCE-MÊME (Extraits)

Des cinquante-trois réflexions qui constituent l'ouvrage de Jorge Wagensberg récemment paru en langue espagnole *Ideas para la imaginación impura*, nous avons sélectionné et traduit pour ce numéro celles qui, tout en étant représentatives de l'humour et du talent narratif qui caractérisent tous les textes de *l'Imagination impure,* s'harmonisaient le mieux avec le thème de notre numéro. Car c'est bien à l'« imagination impure », « mélange, frôlements, collision, intersection, croisements » que Jorge Wagensberg dédie son volume.

Ce livre dégage une émouvante universalité, un recul sage et prudent par rapport à la profession de scientifique exercée par l'auteur et un profond respect devant des phénomènes souvent imprévisibles, parfois insolites qui, en tant que sources de la connaissance, peuplent, joyeusement ou non, l'existence. Parmi ces phénomènes, l'art occupe la première place.

Ce physicien confirmé ne craint pas d'offrir au lecteur une confortable lisibilité sans se soucier des « interdits » dictés par telle ou telle avant-dernière mode. Ainsi lui arrive-t-il, comme si de rien n'était, d'aller jusqu'à faire revivre dans son vocabulaire, des excentricités telles que « représentation » et même ressusciter des dinosaures comme les « images mentales ». Il manie le paradoxe avec aisance et l'ambition d'atténuer l'immense solitude de la science. Après tout, l'univers existe, Jorge Wagensberg en est à peu près sûr…

Olga Scherer

5. Deux contes identiques qui ne sont pas les mêmes

États-Unis ; match de la Sélection espagnole de football pendant le Mondial de 1994. Cela ne m'était pas arrivé depuis le temps où je jouais aux échecs. Quand la partie avait été longue et intense, la nuit je faisais des cauchemars : si j'avais gagné, je rêvais que je rejouais la partie et que… je la perdais ; si j'avais perdu, je rêvais que je rejouais et que… je gagnais. Le réveil était toujours un peu désagréable : dans le premier cas, parce que j'avais rêvé, dans le second, parce que j'avais cessé de rêver. Ce match de football, que j'avais vu à la télévision, fut d'une grande intensité. Et la nuit, j'ai rêvé de plusieurs versions différentes de l'une de ses actions, certainement la plus spectaculaire, puisqu'elle impliqua l'élimination de la sélection espagnole. J'ai écrit un article qui a paru dans le journal La Vanguardia *peu après. Ce sont les lignes qui suivent. Je n'ai changé que le titre, qui, dans la version originale, était : « L'Espagne est qualifiée pour les demi-finales ! »*

CONTE NUMÉRO UN

Zubizarreta détient le ballon et crie avec rage en direction de ses coéquipiers épuisés. Il reste sept minutes avant la fin de la rencontre et le score est de un partout. Un défenseur s'empare du ballon et le remonte jusqu'en milieu de terrain où il fait une superbe passe dans les pieds de Salinas en pleine course qui a déjà laissé derrière lui les deux derniers défenseurs italiens. L'attaquant pose le pied gauche dans la surface de réparation. Le ballon rebondit vers l'avant avec noblesse. Devant lui, ne se trouve que le gardien, qui s'étant avancé en dehors de la surface des six mètres, doute, recule d'un pas. Salinas pose alors le pied droit, tandis que le ballon entame la descente pour le second rebond. Le gardien recule encore d'un demi-pas, et laisse tomber la moitié inférieure de son corps, tandis que la partie supérieure essaie de voler. Le ballon descend cette fois au moment où l'attaquant pose de nouveau le pied gauche, tandis que son pied droit se prépare à frapper le ballon juste avant son second rebond. Le gardien, vaincu, essaie encore de se faire plus grand pour bloquer le ballon comme il peut. Le stade, à presque quarante degrés, est glacé d'effroi. Un millième de seconde pour décider. Il y a quatre possibilités pour passer l'obstacle : par le haut (lob et but), par la droite (feinte… et but), par la gauche (feinte… et but) et par le bas (plongeon vers le sol… et échec assuré). Dans le barillet, trois logements heureusement vides et un autre tragiquement chargé. Et dans ce millième de seconde, tandis que la chaussure de Salinas et le ballon s'élancent l'une contre l'autre pour s'embrasser dans le dénouement du film, la roulette russe tourne vertigineusement : vers le haut, vers le bas, vers la gauche, vers la droite, vers le haut, vers le bas... Rrrrrrrrrr..., clic ! La roulette a décidé : *feinte vers la droite et but*. Le stade rugit. Les sept minutes restantes sont un hymne à la gloire. C'est l'apothéose. Qualifiés pour les demi-finales ! La sélection espagnole est un *Dream Team* dont les personnages avaient pour consigne de faire semblant et d'endormir l'adversaire jusqu'à la dernière minute. Clemente [1], bonimenteur et brouillon, a dessiné une équipe de onze joueurs déguisés en défenseurs qui est devenue, sans que personne ne s'en rende compte, celle qui a le plus marqué durant la compétition. À chaque match, une stratégie différente. La tactique choisie pour chaque match nous paraissait arbitraire et capricieuse. On aurait dit une équipe sans style et sans personnalité, pas vrai ? Et bien non, rien de tout cela. Bien peu sont ceux qui se sont rendu compte que chaque adversaire était analysé en profondeur pour préparer, spécifiquement pour lui, la meilleure stratégie possible. Clemente ? Un génie. Nous ne méritions pas ces continuelles frustrations mondialistes. Merci, monsieur le génie.

CONTE NUMÉRO DEUX

Zubizarreta détient le ballon et crie avec rage en direction de ses coéquipiers épuisés. Il reste sept minutes avant la fin de la rencontre et le score est de un partout. Un défenseur prend le ballon, mais où est Guardiola ? Guardiola n'est pas là, alors le défenseur remplace Guardiola et fait une superbe passe qui envoie le ballon dans les pieds de Salinas en pleine course qui a déjà laissé derrière lui les deux derniers défenseurs italiens. L'attaquant pose le pied gauche dans la surface de réparation. Le ballon rebondit vers l'avant avec noblesse. Devant lui, ne se trouve que le gardien, qui s'étant avancé en dehors de la surface des six mètres, doute, recule d'un pas. Salinas pose alors le pied droit, tandis que le ballon entame la descente pour le second rebond. Le gardien recule encore d'un demi-pas, et laisse tomber la moitié inférieure de son corps, tandis que la partie supérieure essaie de voler. Le ballon descend cette fois au moment où l'attaquant pose de nouveau le pied gauche, tandis que son pied droit se prépare à frapper le ballon juste avant son second rebond. Le gardien, vaincu, essaie encore de se faire plus grand pour bloquer le ballon comme il peut. Le stade, à presque quarante degrés, est glacé d'effroi. Un millième de seconde pour décider. Il y a quatre possibilités pour passer l'obstacle : par le haut (lob et but), par la droite (feinte... et but), par la gauche (feinte… et but) et par le bas (plongeon vers le sol… et échec assuré). Dans le barillet, trois logements heureusement vides et un autre tragiquement chargé. Et dans ce millième de seconde, tandis que la chaussure de Salinas et le ballon s'élancent l'une contre l'autre pour s'embrasser dans le dénouement du film, la roulette russe tourne vertigineusement : vers le haut, vers le bas, vers la gauche, vers la droite, vers le haut, vers le bas… Rrrrrrrrrr…, clac ? La roulette a décidé : Mon Dieu non ! : *vers le bas et échec*. Le stade grogne. Les sept minutes restantes sont celles du désespoir. C'est la fin. On rentre à la maison ! La sélection espagnole est un *Bad Dream Team* (Équipe de Cauchemar) dont les personnages n'ont pas joué à leur place et n'avaient pas d'ordres précis leur indiquant comment et où agir. Clemente, connu pour son boniment, a dessiné une équipe brouillonne de onze défenseurs déguisés en attaquants qui ont fait la démonstration de toute leur *furia*, comme toujours. À chaque match, une stratégie différente. Pas de style ni de personnalité. L'arbitraire pur et le caprice. Clemente ? Une fichue tête de mule, incapable d'en finir avec les ataviques frustrations mondialistes de l'Espagne. On n'a pas mérité ça.

Réflexion finale

Le jour viendra où, aux échecs, celui qui a reçu les blancs gagnera toujours. Il n'y a pas de place pour le hasard dans le jeu d'échecs. Au fond, c'est un jeu simple. Toutes les parties d'échecs jouables sont déjà, de fait, écrites quelque part. Au football ce jour ne viendra jamais, parce que le football est, au fond, un jeu complexe. C'est pour cela que, peut-être, les *échecs avec des dés* ont été inventés il y a déjà longtemps.

16. Science, art et révélation

Dans un congrès de physique à Tbilissi, en Géorgie, j'ai fait la connaissance en 1981 d'un collègue autrichien de mon âge. Il s'appelait Erich Gnaiger et nous avions entendu parler l'un de l'autre à travers nos publications scientifiques respectives. Lors de la première excursion, il se trouve que nous étions assis côte à côte dans l'autobus. Au bout de quelques minutes, nous nous montrions du doigt l'un l'autre, morts de rire : Wagensberg ?… Gnaiger ! La conversation tourna autour des conférences qu'Edwin Schrödinger avait données à Dublin après la guerre et qui finirent par être de véritables prophéties de la science. Gnaiger fut, treize ans plus tard, chargé d'organiser le cinquantième anniversaire de ces très célèbres conférences dans son pays natal. Il n'avait pas oublié cette magnifique excursion dans les montagnes pelées et vertes de Géorgie et m'invita à Vienne pour y faire une communication. Elle fut publiée dans le volume 3 du Modern Trends in BioThermodynamics, *Innsbruck University Press, 1994.*

Erwin Schrödinger était un philosophe qui avait de grandes intuitions. Un grand nombre d'entre elles, on le sait, devaient finir par se concrétiser et donner naissance à d'importantes découvertes, théories et même nouvelles disciplines scientifiques. Ce qui suit est aussi le résultat de ses intuitions : Schrödinger propose une définition de la *méthode scientifique* elle-même, de ses limites et du soupçon qui conduit à la classification des formes pertinentes du concept général de la connaissance.

La stimulation de la connaissance

Supposons une pensée qui perçoit une certaine partie du monde, c'est-à-dire une certaine complexité. La simple perception de cette complexité pourrait produire un certain trouble de la pensée. Cela, c'est la stimulation initiale. Nous dirons que *la pensée produit de la connaissance lorsqu'elle crée une image de la complexité.* Nous avons déjà une définition, et en voici le premier corollaire : la connaissance est nécessairement finie tandis que la complexité, d'après ce que l'on peut supposer, est infinie.

Maintenant concentrons notre intérêt sur le seul processus de la construction de la connaissance, sur le fait de procéder à la création d'images, sur la méthode. La marche à suivre dépend en grande partie du *degré de complexité* présent dans chaque cas précis. Il n'est pas nécessaire d'établir une mesure précise de la complexité pour pouvoir admettre qu'il existe différents degrés de complexité. Une ligne droite, une molécule, une vitre, une cellule, un cerveau, une passion et l'esprit sont des symboles du langage en rapport avec des événements de complexité croissante. Donc, la science s'occupe des niveaux les plus bas de complexité. Plus les objets de la connaissance sont simples, plus les différentes disciplines scientifiques vont loin, plus elles sont dures, rigoureuses, précises et prestigieuses. C'est pour cette raison que la science a commencé par considérer la complexité comme une exception qui cachait la véritable règle : la simplicité. De ce point de vue, nous pourrions peut-être dire que tout autre mode de connaissance est une alternative à l'impuissance de la connaissance scientifique, sa continuation par d'autres moyens. Citons deux cas.

L'art est une forme de connaissance parce qu'il prétend créer une image des événements du monde ; de plus, c'est une forme qui accepte de traiter une complexité comme, par exemple, la passion amoureuse. Qui est capable de déterminer la biophysique/chimie/mathématique de l'amour ? La connaissance de l'origine divine se consacre, par exemple, aux vicissitudes de l'esprit. Et qui ose déterminer la biophysique/chimie/mathématique de l'esprit ? L'objet de ce travail est d'exprimer une interrogation conséquente au sujet de ces trois modes de connaissance. Mais ne nous précipitons pas. En accord avec ce que nous entendons par cognition, nous définirons maintenant l'essence des formes de la connaissance scientifique, artistique et divine. En effet, il s'agit d'identifier les principes fondamentaux que ces méthodes présupposent implicitement.

La science

De nos jours, avec le recul historique que nous possédons, il me semble que la méthode scientifique est basée sur trois principes fondamentaux, *(1)* le principe de l'*objectivation* du monde ; *(2)* le principe de l'*intelligibilité* du monde ; et *(3)* le principe de la *dialectique* entre les esprits et le monde.

Schrödinger a écrit des pages brillantes dans *Pensée et matière* au sujet des deux premiers principes. Le principe d'objectivation est le principe de la séparabilité entre l'esprit et la matière, entre l'entité productrice de connaissance et l'entité qui fait l'objet de la connaissance, entre le sujet et l'objet, entre l'observateur et l'observé, entre le penseur et la pensée. Selon Schrödinger, il s'agit d'un principe équivalent à l'*hypothèse du monde réel*, qui implique à son tour la signification suivante : le penseur s'écarte avec son propre moi jusqu'à parvenir à devenir une entité extérieure au monde et, par conséquent, non investie en lui. La pensée crée de la connaissance objective et se relègue elle-même dans la catégorie de la pure anecdote. En échange de cette exclusion altruiste du monde qu'elle représente, la pensée crée des connaissances universelles, c'est-à-dire une image du problème de la complexité qui soit accessible à toute autre pensée. En d'autres termes, l'esprit est le créateur du monde matériel et de la connaissance scientifique, même si, à l'intérieur de cette connaissance, dans le travail achevé, il n'est qu'un accessoire marginal et insignifiant que l'on peut éliminer sans que l'effet total perde la moindre part de son mérite. Le principe de l'objectivation justifie la supposition selon laquelle il ne reste rien du penseur dans la pensée, le fait de penser n'affecte pas l'état de la pensée : en définitive la science est indépendante des vicissitudes des scientifiques. Ce principe n'est pas déduit de questionnements préalables : qu'il soit vrai, cela est indémontrable. Il se peut même qu'il soit faux, et certains dénoncent sa fausseté, et mettent en avant d'autres principes. C'est pourquoi justement il s'agit d'un principe que nous pouvons ou non assumer. La science l'assume. Et l'on ne peut pas dire que cela lui ait porté préjudice. Ce principe a donné lieu à la science qui s'est constituée jusqu'à présent, et personne ne doute de sa réputation, bien que certains paradoxes en dérivent. Citons un exemple d'un passage splendide de Galien, dans lequel Démocrite affronte l'*intellect* et les *sens* dans un débat sur ce qui est réel. L'intellect dit : « Apparemment, la couleur, la douceur, l'amertume, existent ; en réalité, il n'existe que des atomes et des cases vides. » Les sens répondent : « Pauvre intellect, tu n'es qu'un misérable. Nous t'avons fourni les preuves de ton existence, et maintenant tu veux nous briser ? Ta victoire est ta ruine. »

Il est tout à fait possible que les sens, très astucieux, aient raison. L'erreur commise par l'intellect a consisté à pousser trop loin le principe d'objectivation, c'est-à-dire à des niveaux de complexité excessivement élevés où le sujet et l'objet se mêlent, où l'esprit veut savoir des choses sur lui-même.

Le second principe de la méthode scientifique est le principe d'*intelligibilité*. C'est sur lui que s'appuie d'abord le scientifique. Sa foi principale a besoin de se baser sur le fait que *la nature peut être comprise*, que le monde est intelligible. Une discussion rigoureuse sur l'idée de l'intelligibilité nous obligerait à une digression. Une complexité est intelligible s'il est possible de la comprimer dans une certaine éventualité, en d'autres termes, si l'idée elle-même n'est pas une représentation du hasard. En ce sens, comme nous l'avons dit, la *compréhension* est la capacité de *compression*. Par exemple, un projectile dans un champ de gravité trace une parabole. Cent mille positions de ce projectile, cent mille observateurs, pourront être réduits simplement aux lois de Newton et à quelques conditions initiales ou, si l'on veut, à la brève équation mathématique d'une parabole. De plus, cette compression, cette compréhension, nous permet de prédire n'importe quelle position du projectile. Le processus est intelligible. (Curieusement, il convient de remarquer que ce qui, en revanche, est inintelligible ce sont les lois de Newton elles-mêmes, soit, le causalisme de l'ultime causalité.) D'autre part, les résultats de la ligue de football de n'importe quel dimanche sont inintelligibles. Il n'y a pas de réduction possible. La façon la plus compacte de donner les résultats, ce sont les résultats eux-mêmes. Il n'existe pas non plus d'induction capable de faire des prédictions. Il y a le hasard, et non la science. Dans la science, si une entreprise échoue, si nous n'arrivons pas à comprendre quelque complexité, le principe d'intelligibilité nous dit que c'est de notre faute. Il n'existe aucune excuse pour la recommencer, pour choisir une autre voie, pour inventer autre chose. Ce principe – comme tout principe – n'est pas démontrable non plus ; c'est la raison pour laquelle il a dû être inventé d'abord et assumé ensuite. La science est la seule forme de connaissance qui déclare accepter ce principe, à la différence d'autres formes qui – notez-le bien – nous invitent même à adopter le principe opposé : des inintelligibilités existent, le mystère existe. Le scientifique, au fond de son âme, dans ses moments de réflexion métascientifique, secrètement, se permet de douter (un peu plus dans le cas du scientifique chevronné que dans celui du jeune chercheur agressif), même si une fois de plus, il adopte cette attitude pour arriver à gagner la dose minimale de positivisme dont il a besoin pour ouvrir la porte de son laboratoire, de sa bibliothèque, de sa salle de cours. Cependant, c'est une attitude qui torture le scientifique sensible. Pourquoi donc tout doit-il être intelligible ? Nous avons le cœur serré après avoir regardé à travers un télescope astronomique. Finalement, la pensée humaine n'est qu'un minuscule événement du monde : peut-on être sûr d'avoir la faculté de connaître tout autre événement ? Nous ressentons à peu près la même chose lorsque nous regardons à travers un microscope électronique.

Les deux principes mentionnés sont nécessaires à la construction des connaissances scientifiques, mais je crains qu'ils ne soient insuffisants. Il faut un critère de démarcation pour délimiter la compétence des domaines scientifiques, critère qui permet d'établir un troisième principe, principe qui devient à son tour le moteur de l'avancée scientifique. Il s'agit du principe de réfutabilité de Popper que nous pourrions appeler le principe *dialectique*.

L'indéterminisme est une attitude scientifique compatible avec le progrès dans la connaissance du monde. Et le déterminisme est une attitude compatible avec la description du monde.

L'indéterminisme est l'attitude du scientifique créateur, c'est-à-dire celui qui se fixe pour objectif de rendre intelligible un nombre fini d'événements à partir de toute théorie (c'est-à-dire en considérant l'ensemble comme un principe ouvert et infini de toutes les connaissances possibles). Le créateur travaille tant que quelque chose est inintelligible et entre en crise quand tout est intelligible. Cette dernière affirmation est la seule qui puisse être énoncée définitivement, étant donné l'ensemble fini d'événements et l'ensemble infini de connaissances.

Le déterminisme est l'attitude de l'homme des sciences appliquées, soit du scientifique qui se fixe pour objectif de rendre intelligible tout événement, avec l'appui d'un patrimoine fini de connaissances (celles qui sont fournies par le créateur, par exemple). L'homme des sciences appliquées travaille tant que tout est intelligible et entre en crise lorsque quelque chose est inintelligible. Cette affirmation est la seule qui puisse être énoncée définitivement dans un monde de connaissances finies et d'événements infinis.

Il s'agit, par conséquent, de deux projets de recherche semi-universels qui se résolvent mutuellement dans les moments de crise. La dialectique création-application nous permet de parler d'un projet de recherche universel avec la conséquence que les connaissances peuvent progresser.

L'art

Ce qui attire ici mon attention est un souci lié à une complexité si énorme que tout projet de représentation scientifique en devient impensable. Par exemple, une passion amoureuse. Je voudrais prendre en compte cette préoccupation, lui donner forme, la projeter, en faire une image. Voici quelques alternatives : je commence à courir, j'accélère, je fais une double cabriole surprenante et j'atterris les bras écartés, arborant un grand sourire ; ou alors je chante, je danse, je récite, j'écris, je peins ou je fabrique un objet… Il n'existe pas de solution unique. Et la voie que je choisis pour représenter ma complexité particulière dépend tout simplement de mes talents plus ou moins grands.

Que puis-je prétendre obtenir de cette façon si étrange de traiter la complexité ? Quelle finalité a cette étrange connaissance ? Il sera peut-être plus facile de commencer par ce que je *ne* prétends pas obtenir. Je ne prétends pas concevoir une théorie capable de prédire une nouvelle situation amoureuse ou de l'expliquer à partir de quelques données. Je veux, c'est certain, créer une image de l'événement, mais je ne soutiens pas que cette image soit indépendante de mes mécanismes mentaux et je ne veux pas énoncer de propositions. Son intelligibilité ne m'importe pas. Il n'est pas non plus dans mes intentions d'étudier de façon détaillée les observations ni d'accumuler des expériences. Ce serait plutôt le contraire, j'aime que mon esprit soit acteur de la connaissance que je vais réaliser. L'intelligibilité et la complexité de l'événement, objet de mon intérêt, constituent la garantie que mon projet ne sera pas mis en échec par un autre (scientifico-philosophique) comme celui auquel je faisais allusion auparavant. De plus, j'apprécie la nouveauté de l'information brute qui m'envahit de façon spontanée, et, en principe, je la considère comme suffisante. Dans le cas contraire, je refuse de m'engager dans d'autres programmes d'observation. Mon projet commence sans aucune méthode. Je ne m'impose aucune limite initiale dans la façon d'appréhender la complexité ; au contraire, je l'aborde directement pour composer une image finie de son infinité, afin d'obtenir une projection simple à partir de laquelle cette complexité soit réductible, si nécessaire. Ainsi, nous arrivons à ce que je prétends réellement obtenir avec ce second procédé. Or, je ne dis pas que la complexité soit intelligible, mais seulement relativement récupérable. Récupérable pour qui ? Évidemment les termes « réductible » et « récupérable » se réfèrent à moi-même. La mission de cette connaissance finie est d'activer, tel un signal, mes mécanismes internes qui *crient* une fois de plus la complexité originelle. Il s'agit, par conséquent, en principe et fondamentalement, de l'auto-communication : j'ai créé une image par le biais de laquelle ma pensée communique avec elle-même. Or la question est la suivante : cette représentation sert-elle à communiquer à d'autres pensées ma complexité singulière ? Avec l'existence d'une image construite par une pensée, n'en existe-t-il pas au moins une autre qui – devant sa propre contemplation – soit capable de déduire la complexité originelle ? C'est justement dans cette croyance, que réside la seule hypothèse de travail de ce second procédé. Pourquoi ne pas l'appeler art ? L'art est un mode de connaissance dont la méthode est fondée sur un principe unique : *le principe de la communicabilité de complexités inintelligibles.*

Cette croyance serait donc l'hypothèse fondamentale de l'art. L'art est un mode de connaissance (peut-être le plus enthousiaste et le plus courageux compte tenu de la complexité du monde) qui se réfère à deux pensées. L'acte artistique est essentiellement un acte binaire, et son accomplissement est, pour le scientifique, réellement miraculeux, parce qu'une chose apparemment insignifiante est capable de provoquer une réaction infinie. Cela s'applique aussi au moindre déplacement d'une réalité intelligible si cela permet de soulager l'inquiétude. Une pensée apprend, à travers l'art, qu'elle n'est pas seule en relation avec une certaine complexité. Alors, l'émotion et la complicité sont grandes.

La révélation

La science me permet de connaître des complexités simples et, en contrepartie de cette limite, la connaissance scientifique me sert à guider mon interaction avec le monde. L'art me permet de connaître des complexités plus grandes et, en contrepartie de cette gratification, j'accepte que cette connaissance ne me serve pas beaucoup pour guider mon interaction avec le monde, mon comportement. Y a-t-il un mode de connaissance qui ose aborder de grandes complexités et qui soit, dans le même temps, applicable à notre vie quotidienne ? Imaginons une complexité comme la pensée, la nature humaine ou l'esprit. La connaissance universellement applicable doit être objective et intelligible, mais où doit se situer la pensée pour pouvoir être vue objectivement ? Comment une complexité peut-elle être intelligible pour une autre qui est au moins aussi complexe ? Existe-t-il une issue rapide et drastique qui permette d'éviter les deux difficultés ? Ceci ouvre la voie à un autre mode de connaissance : la connaissance divine, disons, un nouveau mode basé sur trois principes : *(1)* l'existence d'un être externe à l'être humain et pour qui tout est objectif, et *(2)* pour qui tout est intelligible ; *(3)* la supposition que cet être veut nous donner (nous révéler) sa connaissance.

Il y a l'objectivité et l'intelligibilité, mais elles appartiennent à Dieu : ce ne sont pas des critères pour l'être humain ; il y a un mystère. L'être humain accepte ou non le principe, il est ou non croyant, il a la foi ou il ne l'a pas. Le critère de démarcation des choses divines pose le problème de l'univers dans sa totalité et son histoire, ainsi perd-il sa raison d'être. Il n'existe aucune dialectique qui soit de quelque intérêt pour le progrès de la connaissance divine. Aucun événement du monde ne peut contredire la connaissance divine. Les religions ou les intuitions sont des exemples de connaissance divine.

Le soupçon

Rassemblons nos forces. Trois formes de connaissance ont été définies grâce à leurs principes fondamentaux respectifs. Et chaque forme, en raison de ses propres principes fondamentaux, est une forme pure. En d'autres termes, les trois formes sont différentes, disjonctives et indépendantes. Cependant, les régions naturelles citées sont évidemment habitées par une profusion continuelle d'autres complexités qui ne peuvent être abordées par aucune de ces trois formes. La pensée (et ses manifestations) représente une complexité de localisation peu claire. Aussi me semble-t-il que le moment est venu d'avouer ce que je soupçonne : il n'existe pas de quatrième mode de connaissance pure. En d'autres termes, toute forme de connaissance est une combinaison de ces trois formes pures.

En revanche, confirmer ce soupçon impliquerait que toute complexité doive être traitée par une combinaison linéaire de ces trois formes pures de connaissance. L'espace (la méthode) de la connaissance n'a, en accord avec cette idée, que trois dimensions, ce qui signifie que chaque forme de connaissance est représentable dans cet espace par un point, dont les coordonnées ne sont pas supérieures au poids apporté par chacune de ces formes pures. Par exemple, quand la philosophie annonce qu'elle s'occupera de tout, elle s'autorise à visiter tous les coins de cet espace. Selon l'espace qu'il fréquente, le penseur peut devenir plus scientifique, plus artiste et – qui l'eût dit – plus inspiré. Et il se peut que cela soit très bien, par exemple, s'il réfléchit sur la matière, sur la beauté, sur les cieux. Dans cet ordre ! Certains concepts circulent de façon juste, indifférente et enrichissante à travers tout l'espace des connaissances. Enfin, la confirmation du doute annoncé équivaut, je crois, à la conquête d'un bon schéma critique. Parce que délimiter un champ bien précis pour les complexités signifie délimiter une zone précise semblable dans l'espace de la connaissance. L'architecture ou le dessin se débattent pour ne pas tomber en dehors d'un champ précis sur le plan scientifico-artistique ; certains écrits sacrés (comme la Bible) se situent justement dans une région particulière proche du champ artistico-divin, frôlant l'axe divin. Et certains sages qui se consacrent à l'interprétation de leurs prédécesseurs (théologiens, talmudistes, cabalistes) tentent de déplacer cette région vers l'abscisse scientifique. Tout au long de son histoire, l'humanité a lutté pour sa santé corporelle sur le plan scientifico-divin, en s'approchant peu à peu de l'axe scientifique, sans trop se fier, par exemple, à une économie à composantes artistiques ou à certaines théories scientifiques de la réincarnation. Chaque complexité organise en territoires ce qui relève de la méthode de la connaissance. Certains seront idéaux, d'autres superstitieux, ou encourageants, ou frauduleux, ou ingénieux, ou encore audacieux… Ainsi, une fois qu'une inquiétude est perçue et ancrée dans une complexité, quelle région de l'espace de la méthode doit-elle aborder ? C'est là la question.

17. Sur le progrès de la connaissance

Une symphonie imaginée dans l'esprit du compositeur est une chose ; la symphonie écrite sur la partition en est une autre, et la symphonie qui résonne dans la salle de concerts en est encore une autre. Imaginer un immeuble, le dessiner et le construire sont trois choses différentes. Imaginer, représenter et interpréter sont les trois phases de la création… où créer signifie créer de la connaissance (sinon, quoi d'autre ?).

L'*imagination* produit des objets mentaux. Mais pour qu'ils soient communicables à d'autres esprits il faut les transformer en objets réels. C'est la *représentation*. Et, dans certains cas, on recommande même une phase supplémentaire, la troisième, l'*interprétation*, qui sert à insérer le nouvel objet, réel et fini, dans la réalité préexistante. Le créateur (le compositeur ou l'architecte) crée bien qu'il interprète aussi ; l'interprète (le violoniste ou le maître d'œuvre), bien qu'il crée et représente, exécute surtout.

Il y a de moins en moins d'excuses pour qu'un génie de l'imagination ne puisse mener à bien son projet à cause des limites techniques de la représentation. Aujourd'hui, les partitions résonnent. Le compositeur *imagine* un accord, l'*écrit* sur la portée et, après avoir appuyé sur une touche, il l'écoute *interprété* par l'orchestre qu'il décide d'inventer. Plus de compositeurs surpris (heureusement ou malheureusement) le soir de la première. Chaque nuance nouvelle peut être essayée et à nouveau nuancée. Les plans se libèrent de la planitude dont ils tirent leur nom. On peut *se promener* dans le dessin d'un immeuble, entrouvrir une fenêtre et voir comment se reflète, sur les meubles en pin, la lumière d'une après-midi d'automne. Tout progrès comporte ses risques, et il est absolument certain que les nouvelles technologies, mal employées, endorment l'imagination. Mais c'est, en même temps, le symptôme caractéristique d'un faux progrès créatif : quand on se rend compte qu'au lieu de penser plus, on pense moins.

La science est une forme de connaissance dans laquelle imagination, représentation et interprétation se stimulent, se provoquent, s'insinuent, se caressent, s'entrechoquent, se corrigent, se réfutent et se confirment mutuellement et continuellement. *La science, nécessairement, progresse.* Elle est là pour ça.

L'imagination dépend de la condition humaine, et il est donc douteux que le progrès de l'art, si une telle chose existe, soit dû au progrès de l'imagination. La représentation, en revanche, dépend de la maîtrise de la matière, qui, pour le coup, progresse de façon fulgurante. Le progrès de l'art dépend, en tout cas, du progrès de la représentation. Et de l'interprétation, à laquelle, en fait, participe aussi le récepteur de la connaissance artistique. D'où le concept de *génie incompris*, une idée qui ne se dissout qu'avec l'augmentation de son audience. Par conséquent : *l'art progresse, mais pas nécessairement.* Rien à redire à cela.

La religion est une forme de connaissance dans laquelle l'imagination se nourrit de révélation. La représentation donc, bien que sacrée, est aussi intouchable. Le progrès de la religion a, en tout cas, une marge aussi étroite que celle de l'interprétation (... où surgit l'intégrisme, quand cette marge disparaît). On peut dire sans risque d'exagération : *la religion, nécessairement, ne progresse pas.* Nous pouvons toujours essayer, en revanche, de changer de religion. Et dans ce cas, il ne se passe rien non plus.

Chacune des trois formes de connaissance a besoin d'un peu du souffle des deux autres. Les ennuis commencent lorsque quelqu'un veut gouverner un pays au nom d'une divinité, quand une avant-garde artistique s'explique au nom de la science, quand la science relaxe ses muscles par rapport à la recherche...

35. L'émouvante histoire du lamantin orphelin *Tamaury* et de son noble ancêtre *Matum*

Barcelone, le 5 juillet 1966. À cause d'une malencontreuse grippe hors saison, je rate le voyage à Saint-Domingue où l'on présente l'exposition « Ouragan, 1724 », à laquelle j'ai travaillé pendant deux ans avec de nombreux amis dominicains. J'enrage ! Quelques jours plus tard, prostré dans mon lit, je reçois le journal El País *avec un article sur* Tamaury. *La nostalgie s'accroît. Un journal dominicain le publie aussi. J'arrête définitivement de fumer.*

Le 28 mars 1995, le patron du *Mago del Mar*, qui mouille face au quai de Barahona (République Dominicaine), n'était encore qu'à moitié rasé lorsqu'il aperçut, dans un miroir improvisé, une forme grise et brillante qui flottait du côté de la proue. Il avança une joue pleine de mousse à raser. Et il s'émut. Un bébé lamantin de quelques jours à peine, désorienté et déshydraté, dépensait ses dernières forces à chercher une mamelle maternelle sur la panse du bateau. Le pêcheur savait très bien que sur tout le périmètre de la côte, ne vivent plus aujourd'hui que deux petites douzaines de ce pacifique mammifère marin, le *Trichechus manatus manatus.*

Peu de temps après, l'animal fut baptisé : *Tamaury* (en hommage à deux jeunes biologistes, Tammy Domínguez et Amaury Villalba, morts dans un accident d'avion alors qu'ils préparaient justement le premier recensement des lamantins en liberté). *Tamaury* apparaît sur la couverture de la dernière édition de l'annuaire téléphonique de la République Dominicaine, et devient l'emblème de l'Aquarium National. On peut espérer qu'il y restera au moins vingt-cinq ans comme symbole de la résistance à l'extinction. Pour le moment, ce dont il a le plus besoin, c'est d'affection, de doses continuelles d'affection. Pendant les deux semaines où j'ai fréquenté l'Aquarium, la première chose que je faisais en arrivant le matin c'était de faire une escapade pour aller saluer *Tamaury*. Je n'avais qu'à tremper la main à quelque endroit de son réservoir… et l'animal était là, fou de joie de cette petite attention. Le lamantin est un sirénien, un terme dont, nous dit-on, l'étymologie est justifiée. Une vaste étendue sans rien d'érotique qui s'offre au regard, un peu de vin ou de rhum et les classiques mamelles de mammifères qui s'esquivent au milieu de l'écume des vagues, tout cela dessine un tableau à haut risque hallucinatoire qui vous ferait croire en l'existence des sirènes. Il est possible que la représentation de la nymphe marine ait été réinventée mille fois pendant l'Antiquité. En biologie, la « réinvention » – remarquez par exemple l'œil d'un poulpe par rapport à l'œil humain – s'appelle convergence. Une histoire semblable à celle de l'orphelin *Tamaury* était déjà tenue pour certaine presque cinq siècles plus tôt, quand les lamantins se comptaient par milliers dans ces eaux-là. C'est l'histoire du noble *Matum*.

Dans le livre VIII de la Troisième Décade (composée en 1514 et 1515) du premier tome des *Décades du Nouveau Monde*, de Pedro Mártir de Anglería, premier chroniqueur des Indes, on lit selon une traduction récente du latin :

« Le jeune roi de la région, appelé Caramatex, aimait beaucoup la pêche. Un jour vint se prendre dans ses filets un jeune de cette espèce d'énorme poisson que les indigènes appellent le *manatí*, et qui, à mon avis, est une sorte de monstre inconnu dans nos mers ; il s'agit d'un quadrupède de la forme d'une tortue mais sans carapace ; sa peau est si dure qu'elle résiste aux flèches et il est armé d'un nombre infini de bosselures. Le jeune roi alimenta le petit animal pendant quelques jours avec du pain de manioc et d'autres racines que mangent les hommes. Tout jeune encore, il le remit dans un lac proche de sa maison, comme si c'était un vivier… Le poisson nagea librement dans ces eaux durant vingt-cinq ans et il grandit extraordinairement. On lui avait donné le nom de *Matum*, qui veut dire « vaillant », « noble », et quand un parent du jeune roi, surtout de ceux que connaissait le poisson, criait au bord du lac « Matum, Matum », il arrivait près de celui qui l'appelait, se souvenant de la faveur qu'on lui avait faite, levant la tête et permettant qu'on lui donnât à manger dans la main. Quand quelqu'un faisait montre de vouloir passer de l'autre côté, l'animal allongeait son corps, et l'invitait à monter ; et il est prouvé que certaines fois, montèrent sur son dos jusqu'à dix personnes à la fois… »

Traduit de l'espagnol par Amélie Adde

Note

1. Sélectionneur espagnol. (N.du T.).

Nous remercions Jorge Wagensberg et les Éditions Tusquets de nous avoir aimablement autorisé à traduire et publier ces extraits.

NOTE SUR LES AUTEURS

Alain Badiou : philosophe, dramaturge et romancier, enseigne la philosophie à l'Université Paris VIII et au Collège international de philosophie. Il a publié en 1997 *Deleuze* (Hachette), *Saint Paul. La Fondation de l'universalisme* (PUF), un roman : *Calme Bloc ici-bas* (P.O.L.), et en 1998, *Petit Manuel d'Inesthétique*, *Court traité d'ontologie transitoire*, *Abrégé de métapolitique* (tous trois aux Éditions du Seuil).

Gilles Deleuze et Félix Guattari : ont publié ensemble *L'Anti-Œdipe* (1972), *Kafka. Pour une littérature mineure* (1975), *Mille-Plateaux* (1980), *Qu'est-ce que la philosophie* (1991) aux Éditions de Minuit.

Andrew Eastman : est Maître de Conférences à l'Université de Strasbourg. Il est l'auteur d'une thèse sur *La Lucarne ovale* de Pierre Reverdy et de plusieurs articles sur la poésie américaine et française.

Clayton Eshleman : est poète. Il a publié en 1998 : *From Scratch* (Black Sparrow Press) et en traduction française (J.-P. Auxeméry), une sélection de poèmes chez Belin : *Hadès en Manganèse*. Il anime la revue de poésie *Sulfur* qui en est à son 43e numéro. Traducteur, il a publié en 1995 des textes d'Antonin Artaud (1945-1948) sous le titre *Watchfiends & Rack Screams* (Exact Change, Boston). Il enseigne à Eastern Michigan University (Ypsilanti).

Claire Larsonneur : est l'auteur d'une thèse portant sur Pynchon, Chatwin, Gracq et Le Clezio intitulée *Imaginaire, mouvement, langage : une poétique de l'espace,* soutenue en 1997. Elle a aussi traduit des ouvrages dont *Le Savoir grec* (Flammarion, 1996) et *La Révolution scientifique* (Flammarion, 1998). Elle est actuellement en congé pour recherches et vit au Brésil.

Jean-Marc Lévy-Leblond : est professeur de physique et d'épistémologie à l'Université de Nice, Sophia-Antipolis. Il est l'auteur de *Aux Contraires. L'exercice de la pensée et la pratique de la science* (Gallimard, 1996), *La Pierre de touche. La science à l'épreuve...* (Gallimard, 1996). Il dirige la revue *Alliages (culture-science-techniques)* et les collections scientifiques des Éditions du Seuil.

Robert Maggiori : est professeur de philosophie et journaliste au cahier « Livres » de Libération. Il est l'auteur de *De la Convivance* (Fayard, 1985) et de *La Philosophie au jour le jour* (Flammarion, 1994).

Éric Méchoulan : enseigne la littérature française à l'Université de Montréal. Il fait partie de l'équipe de rédaction de la revue *SubStance*. Sa thèse est en cours de publication sous le titre *Le Corps imprimé : essais sur le silence en littérature*. Il travaille actuellement à deux projets de livres : *De la Littérature entre mémoire et culture* et *Immédiateté et médiation*.

Charles Molesworth : est Professeur à Queens College, CUNY. Il fut aussi Professeur associé à l'Université Paris VIII au printemps 1998. Il est l'auteur de *Marianne Moore : A Literary Life* (1990) et il a rassemblé les textes de la *Modern Section* dans la *Heath Anthology of American Literature* (3e édition, 1996). Il écrit aussi des études critiques sur l'art dans la revue *Salmagundi*.

Hermes Salceda : enseigne la langue et la civilisation française à l'Université Autonome de Barcelone. Il est l'auteur de *La Méthode de Raymond Roussel. Écriture à procédés/lectures à procédures* (Presses Universitaires du Septentrion, Lille, 1998) et de plusieurs articles de critique littéraire, de lexicologie bilingue et de didactique des langues. Il est co-traducteur de *La Disparition* de Georges Perec (El Secuestro, 1997).

Jorge Wagensberg : est professeur de physique à l'Université de Barcelone où il dirige depuis 1976 le Groupe de Recherche sur la Biophysique et la Thermodynamique hors des états d'équilibre. Il est l'auteur de *Ideas sobre la complejidad del mundo* (1985), tr. fr. : *L'Âme de la méduse. Idées sur la complexité du monde* (Seuil, 1997) et de *Ideas para la imaginación impura* (*Idées pour une imagination impure*) et irige les collections (« Metatemas », « Materia Viva »...). Il est aujourd'hui Directeur du Musée de la Science-Fondation « la Caixa » de Barcelone.

Numéros déjà parus :

TLE 1–1981
Textes de : **C. Brooke-Rose, N. Batt, J. Culler, H. Quéré, O. Scherer, R. Zuppinger**
(numéro réalisé par **R. Zuppinger**)

TLE 2–1982
Textes de : **C. Brooke-Rose, N. Batt, V. Fonti, P. Gault, J.-M. Rabaté, O. Scherer, J. Shapiro, R. Zuppinger**
(numéro réalisé par **R. Zuppinger**)

TLE 3–1983
Textes de : **T. Pavel, O. Scherer, R. Zuppinger, F. Sammarcelli, G. Cordesse, J.-N. Vuarnet, L. Allen**
(numéro réalisé par **C. Brooke-Rose**)

TLE 4–1986
La représentation littéraire. Aspects et modalités d'une évolution
Textes de : **N. Batt, C. Brooke-Rose, J. -M. Hirt, O. Scherer, R. Zuppinger, A. Sola, C. Grimal, H. Henry, M. Gourg, C. Ropars, R. Diot, C. Safir**
(numéro réalisé par **N. Batt**)

TLE 5–1987
La représentation littéraire. Écritures contemporaines I
Textes de : **C. Molesworth, J. Neefs, C. Vieilledent, F. Sammarcelli, Y. Abrioux, M.-C. Pasquier, C. Grimal, J.-P. Martin, H. Lenormand, É. Kaufholz, A. Roa Bastos, M. Ezquerro, M. Debax, J. Alsina, M. Ramond, L. Chauvin-Plouzeau, P. Gault, C. Richard, N. Batt**
(numéro réalisé par **N. Batt**)

TLE 6–1988
La représentation littéraire. Nouveaux modèles conceptuels
Textes de : **N. Batt, T. Todorov, J.-P. Dupuy, V. Descombes, P. Way, J.-P. Audigier, C. Brooke-Rose, J.-C. Coquet, J.-M. Adam, G. Thérien**
(numéro réalisé par **N. Batt**)

TLE 7–1989
La représentation littéraire. Écritures contemporaines II
Textes de : **F. Sammarcelli, S. Sontag, M. Chaillou, J. Verrier, J.-P. Audigier, J.-P. Martin, G. Sautermeister, C. Raynaud, A. Cazé, B. Chorier, C. Delourme, M. Chénetier, C. Maniez**
(numéro réalisé par **F. Sammarcelli**)

TLE 8–1990
Littérature et connaissance
Textes de : **Y. Abrioux, H. Atlan, D. Andler, J. Leenhardt, R. Shusterman, L. Jenny, J.-M. Palmier, A. Tadié, M. Morel, N. Batt, S. Baudet, G. Denhière, D. Legros, F. Varela**
(numéro réalisé par **Y. Abrioux**)

TLE 9–1991
Figuralité et cognition
Textes de : **N. Batt, A. Cazé, R. Schusterman, Y. Abrioux, H. Meschonnic, P. Cotte, F. Edeline, P. Cadiot, M. Morel, H. Quéré, J. -J. Lecercle, C. Bernard**
(numéro réalisé par **N. Batt**)

TLE 10–1992
Épistémocritique et cognition I
Textes de : **N. Batt, M. Serres, F. Hallyn, W. Moser, P. Ouellet, J.-F. Chassay, F. Rastier, W. Paulson, J. Neefs, S. Lévy, A. Wall, J.-J. Lecercle, B. Tadié, P. Laszlo**
(numéro réalisé par **N. Batt**)

TLE 11–1993
Epistémocritique et cognition II
Textes de : **M. Pierssens, J. Bollack, J. -M. Lévy-Leblond, J.-P. Martin, S. Marret, P. Dumouchel, J.-C. Guédon, P. Harris, P. Livingston, R. Shusterman, D. Porush, M. Assad**
(numéro réalisé par **N. Batt**)

TLE 12–1994
Littérature et théorie du chaos
Textes de : **Y. Abrioux, R. Cavaillès, K. Knoespel, N.K. Hayles, H. Kenner, G. Cordesse, J.-C. Chirollet, A. Tadié, M. Assad, A.D. Beyerchen, P. Harris, S. Lévy**
(numéro réalisé par **Y. Abrioux**)

TLE 13–1995

Pour Iouri Lotman

De *La Structure du texte artistique* à *Kul'tura i Vzryv* (Culture et Explosion), son dernier ouvrage non traduit, Iouri Lotman n'a cessé de poursuivre l'élaboration de sa théorie sémiotique du texte littéraire en explorant les ressources des passages possibles entre littérature et sciences afin de toujours mieux saisir le ressort des corrélations dynamiques à l'œuvre dans le texte et le système littéraire. La rédaction de TLE, dont les réflexions doivent beaucoup au fondateur de l'école de Tartu, témoigne ici de la fécondité de ses travaux.

Textes de : **Y. Abrioux, E. Balcerzan, N. Batt, M. Gourg, I. Lotman, L. Lotman, B. Ouspenski, O. Scherer**

(numéro réalisé par **M. Gourg**)

TLE 14–1996

La théorie au risque de la lettre

Après avoir exploré dans les numéros 10, 11 et 12 de *TLE* des voies nouvelles pour la théorie littéraire (épistémocritique, fractalité, chaotique), ce numéro adopte la démarche inverse et soumet la théorie à l'épreuve de textes contemporains ayant déjà absorbé les ondes des changements épistémologiques. On examine comment ces textes appartenant à des littératures nationales différentes appellent, voire imposent, des élaborations théoriques inédites.

Textes de : **Y. Abrioux, A.-M. Capdeboscq, L. Dahan-Gaida, C. Delourme, J.-J. Lecercle, D. Mellier, F. Sammarcelli, P. Waterhouse**

(numéro réalisé par **F. Sammarcelli**)

TLE 15–1997

Pratiques de la complexité

Il s'agit ici de provoquer et de tester ces situations artistiques ou culturelles qui font jouer deux ou plusieurs domaines, plans, systèmes, genres, activités, modes d'écriture, pour étudier comment le passage par l'*autre* peut non seulement révéler la complexité de l'un et de l'autre mais aussi créer des types de complexité qui demandent qu'on leur invente un nouveau mode de déchiffrement.

Textes de : **Y. Abrioux, G. Burattoni, L. Dahan-Gaida, G. Grössing, J.-M. Lévy-Leblond, M. Lony, C. Mouchard, M. Weinstein**

(numéro réalisé par **Y. Abrioux et N. Batt**)

COMPOGRAVURE
IMPRESSION, BROCHAGE
IMPRIMERIE CHIRAT
42540 ST-JUST-LA-PENDUE
JANVIER 1999
DÉPÔT LÉGAL 1999 N° 6611

IMPRIMÉ EN FRANCE